言語の科学10 言語の獲得と喪失

編集委員

大津由紀雄
郡司隆男
田窪行則
長尾　真
橋田浩一
益岡隆志
松本裕治

言語の獲得と喪失

言語の科学
10

橋田浩一
大津由紀雄
今西典子
ヨセフ・グロッズィンスキー
錦見美貴子

岩波書店

執筆者

学習の手引き	橋田 浩一
第1章	大津由紀雄
第2章	今西典子
第3章	Yosef Grodzinsky （翻訳：萩原裕子）
第4章	錦見美貴子

〈言語の科学〉へのいざない

　私たちが日常，あたりまえのように使っている言語．その言語の性質を解明することは，長年にわたる人間の知的挑戦の対象であった．では，言語を科学的に研究すること，すなわち自然科学的な方法で研究することは可能だろうか．それは可能であり，また必要であるというのが私たちの見解である．

　歴史的に見ても，すでに，紀元前のインドでは形式的な文法体系の記述がなされ，下って19世紀にはヨーロッパの言語を対象とした比較言語学の厳密な方法論が確立されていた．20世紀に至ってからは，初頭の一般言語学の確立を経て，20世紀後半には音韻体系，文法範疇などの形式的記述が洗練され，言語を科学的にとらえる試みは着実に成果を上げてきたと考えられる．

　さらに20世紀以降のコンピュータの発達は，言語現象に対する情報論的視点という新たな見方をもたらした．現在，音声認識・音声合成技術の発展，形式化された文法による構文解析技術を応用した機械翻訳システムの開発など，言語のさまざまな側面が，機械処理の対象となり得るほどに明らかにされつつある．

　しかし，従来の学問観に従う一般的な認識では，言語学は自然科学の一部門ではなく，人文学の領域に属すると見なされる傾向が強いのも事実であろう．本叢書では，言語を一種の自然現象と見なす方法を前提としている．特に，物理学のような典型的な自然科学に範をとるだけでなく，情報のような抽象的な存在を対象にする情報科学など，近年の自然科学のさまざまな方法論に立脚し，言語を，人間が，そして人間のみが，自在にあやつる，情報の一つの自然な形態として捉える見方に立っている．

　そのような言語観に立った場合，さまざまな興味深い知的営みが可能になる．現在どのような分野の研究が言語の研究として行なわれているのか，言語の研究者によってどのような研究対象が設定されているのか，それぞれの研究はどのような段階に至っているのか，また，今後どのような研究が期待されているのかということを，人文系・理工系を問わず，できるだけわかりやすく読者に示すことを試みた．

本叢書はもともと，岩波講座「言語の科学」として刊行されたものである．本叢書の特色は，言語の研究に深く関連している言語学，国語学，言語心理学，言語教育，情報科学，認知科学などの研究分野の，従来の縦割りの枠に捉われず，これらの学問の最新の成果を学際的に統合する観点に立っていることにある．

　本叢書のもう一つの特徴は，各巻を研究対象ごとに分けた上で，さまざまな角度からの研究方法を統合的に紹介することを試みたことである．文科系の読者が自然科学的な方法を，また，理工系の読者が人文学的な知識を，無理なく身につけることが可能となる構成をとるように工夫した．

　以上のような趣旨をいかすため，各巻において，言語に関する研究の世界の第一線の研究者に執筆をお願いした．各執筆者には，基本的な事柄を中心にすえた上で，ときには最先端の研究動向の一端も含めて，読者が容易に理解できるように解説していただいた．幸いにして私たちの刊行の趣旨を理解していただき，現時点において最良の執筆陣を得られたと自負している．

　全体の巻構成と，この叢書がなぜこのように編成されたか，ということを簡単に説明しておこう．本叢書の各巻のタイトルは次のようになっている．

1　言語の科学入門
2　音声
3　単語と辞書
4　意味
5　文法
6　生成文法
7　談話と文脈
8　言語の数理
9　言語情報処理
10　言語の獲得と喪失
11　言語科学と関連領域

　「科学」としての言語学という性格を一番端的に表わしているのは，第6巻で解説される「生成文法」という，20世紀半ばに誕生した文法システムであろう．生成文法は言語獲得という事実にその経験的基盤を求める．そこで第10巻『言語の獲得と喪失』では，言語の獲得と喪失が言語の科学とどう有機的に結びつくのかを明らかにする．一方，第5巻では，生成文法誕生以前にさかのぼり，特定の理論的枠組によらない，文法研究そのものを検討する．「文法」に関する2つの巻，およびそれと深く関連する第10巻は，言語学の科学としての性格が特に濃厚な部分である．

第7巻『談話と文脈』は，これとは対照的に，言語の使い手としての人間に深くかかわるトピックを扱う．その意味で，人文学的な研究とも通じる，言語研究の「醍醐味」を感じさせる分野であるが，形式化などの点からは今後の発展が期待される分野である．

　文法に関する2つの巻を第7巻と反対側からはさむ形で第4巻『意味』がある．ここでは，科学的な性格が色濃く出ているアプローチ（第2章）と，言語の使い手としての人間という見方を強く出しているアプローチ（第3章）が並行して提示されているので，読者は意味の問題の奥深さを感じとることができるだろう．

　第2巻の『音声』については，音響に関して物理学的な研究法がすでにある．この巻では，そのような研究と，言語学の中で発達してきた方法論との双方が提示され，音声研究の幅の広さが示されている．

　第3巻『言語と辞書』は音声と意味との仲立ちをする装置としての語彙についての解説である．これも，言語学や心理学の中で開発されてきた方法論と，より最近の機械処理の立場からの研究の双方を提示している．

　第8巻『言語の数理』と第9巻『言語情報処理』は言語科学の研究の基礎的な部分の解説であり，特に，数学や情報科学になじみのない読者に必要最小限の知識をもっていただくことを意図して書かれている．これらは，言語科学の技術的側面が最も強く出ている巻でもあろう．言語の研究におけるコンピュータの役割の大きさは，ほとんどの巻にコンピュータに関連する章があることからも明らかであるが，特に言語を機械で扱う「情報」という形で正面から捉えた巻として第9巻を位置付けることができる．

　最後の第11巻『言語科学と関連領域』は，言語の科学そのものに加えて，それに関連する学問との接点を探る試みである．特に，言語の科学は，人間そのものを対象とする心理学，医学，教育学などと深い関連をもつので，それらに関する章が設けられている．

　言語に関わる現象は多岐にわたるが，本叢書の巻構成は言語現象ごとに1ないし2巻をあて，各巻の内容は大筋において独立なので，読者はどの巻からでも読み始めることができる．ただし，第1巻では本叢書の中心的な内容を先取りする形で，そもそも「言語の科学」という課題がなぜ設定されたか，という点について述べているので，まず最初に読むことをお薦めする．

この叢書は，言語学科に学ぶ学生や言語の研究者に限らず，言語に関心をもつ，すべての分野の，すべての年代の人々を読者として企画されたものである．本叢書がきっかけとなって，従来の言語学に何かつかみどころのない点を感じていた理工系志向の読者が言語の科学的研究に興味を示し，その一方で，今まで科学とは縁がないと考えていた人文系志向の読者が言語の研究の科学的側面に関心をもってくれることを期待する．そして，その結果，従来の志向にかかわらず，両者の間に真の対話と共有の場が生まれれば，編集委員としては望外の幸せである．

　　2004 年 4 月

大 津 由 紀 雄
郡 司 隆 男
田 窪 行 則
長 尾 　 真
橋 田 浩 一
益 岡 隆 志
松 本 裕 治

学習の手引き

　子供の言語獲得はどのようにして可能になっているのか．この問いは，Noam Chomsky が言語研究の最重要課題に掲げ，それ以来生成文法における究極の問題として位置付けられてきた．第1章では，生成文法の言語観を述べ，言語獲得の問題へのアプローチにおいて生成文法が採ってきた立場を明らかにする．人間の言語に固有だが，しかし人間のあらゆる言語の基礎となる普遍文法を人間は生得的に持っているというのが，Chomsky の基本的な考え方であり，生成文法研究の多くはこの考え方に基づいて行なわれている．人間の能力が生得的所与に基づくというこのような考え方は，プラトンに遡る長い伝統を持っている．しかし，Chomsky が普遍文法のアイデアを提出した今世紀の半ばごろは，行動主義に代表されるような経験論の考え方が優勢を占めていた．このため，Chomsky の主張は大きな論争を巻き起こした．この論争は，言語のみならず人間の認知一般に関わり，認知科学 (cognitive science) の誕生に大きく寄与することになる．論争はいまだに結着を見ておらず，生成文法の研究が進展するにつれて具体性を増していると言えるだろう．

　第2章では，生成文法の考え方に基づく言語獲得の研究の方法について解説した上で，子供の言語獲得において観察される諸事実を生成文法の立場から検討する．特に音声と語彙の獲得にまつわる具体的な現象を紹介しながら，それらの現象を説明するために提案されてきた言語獲得の原理や方略について述べる．この章では言語獲得に関する多くの事実が述べられており，これらの事実はそれ自体として興味深い．しかし読者は，その興味を満たすだけにとどまるのではなく，そうした事実に関してどのような説明が可能か，その説明は生成文法の考え方に沿うものか，言語獲得の原理として提案されているものはじつは普遍文法の一部と考えるべきではないか，さらに，本巻で紹介されているよりも良い説明はないか，などの問いを念頭に置いて読んでいただきたい．

　第3章では言語の喪失に関して論ずる．脳内に符号化された知識の構造は直接観測することができないが，その知識に基づく行動がどのような仕方で壊れるかを見ることによって知識の内部構造を推測できる可能性がある．その際，

壊れ方を虚心に眺めるだけではなく，その知識の内部構造に関する理論的な仮説に照らしながら実験と観察を行なう必要があるだろう．この章では，失語症を言語学的観点から実証的に分析することにより，言語知識の構造を解明しようとする研究について紹介する．これは近年進みつつある脳科学と言語学との協調の一例であり，こうした協調の現場に今後さらに多くの研究者が参入することが期待される．

　第4章では，子供の言語獲得がいかにして行なわれるかに関する情報処理モデルについて述べる．学習すべき言語に関する前提知識および学習の際の計算手順をコンピュータのプログラムとして明示的にとらえる作業を通じて，そうした前提や手順に関する理論が洗練される．また，そのプログラムを実際に動かすシミュレーション実験を通じてその理論の妥当性を検証することができるだろう．さらに，その計算モデルの予期せぬ挙動から言語獲得に関する新たな示唆が得られる可能性もある．ただし，プログラミング言語やコンピュータのハードウェアにまつわる事情から，こうしたプログラムは，検証したい理論だけでなく，さまざまな人工的要因(artifact)を含み，両者を明確に区別するのは難しいことが多い．本章を読む上でもその区別に注意されたい．

　「人間の言語に固有の生得的な普遍文法」というChomsky流の生成文法の考え方は，現在の言語研究のパラダイムとして最もよく吟味されたものであり，言語の獲得や喪失に関する研究においてはとりわけその傾向が著しい．第4章を除く本巻の大部分がこの立場から書かれているのはそのような事情による．ただし，この考え方が最も練れているということは，大部分の言語学者がそれに賛同しているということを意味しない．また，科学(特に認知科学)の中でも言語学以外の分野においては，Chomskyのような考え方はむしろ少数派と言えるだろう．しかし，言語獲得に関するChomskyの問題提起は，言語研究に大きな潮流を生み出したのみならず，他の学問分野にも知的刺激を与え，分野間の交流を促したという意味で，今世紀後半の科学と思想におけるきわめて重要なイベントであった．普遍文法の考え方に賛同するにせよ反対するにせよ，その意義を無視するわけにはいかない．

　ともあれ，普遍文法という考え方には批判の余地がないわけではない．本巻はこの考え方に対して批判的な態度で読まれることをお勧めしたい．その上でChomskyの立場を受け容れるか否かはもちろん読者の自由だが，批判的に読

んだほうが得るところが大きいに違いない．そのような読み方は読者が研究者であれば当然のことと言えようが，たとえそうでなくとも，重要な科学的論争に関わるこのような書物を深く理解するには是非とも必要な態度ではないかと思う．ここで読者には，まずは第1章から読むことによって，この生成文法の立場を十分に理解していただきたい．「普遍文法」などの概念に関する誤解に基づいて生成文法の考え方が批判されたり「応用」されたりすることがあまりにも多い．第1章を理解した上でこそ，その後の章の具体的な事実や議論を正しく吟味することができるはずである．

　読者の参考のため，批判の観点の例をいくつか挙げておこう．これらがどの程度妥当な批判であるかは読者に判断していただきたい．

　人間の言語に固有の普遍文法をわれわれは生得的に持っているという考え方はいくつかの主張からなるが，まず，普遍文法が言語に固有の知識だという主張（領域固有性）を考えよう．もしもこの主張が正しいとすれば，普遍文法の姿を解明しても言語以外の認知システムの解明にはあまり役に立たないことになるだろう．しかし，生成文法理論は一貫して抽象度を高め続けており，最近の生成文法における**極小主義**(minimalism)の中心概念である**経済性**(economy)の考え方は言語に限らない一般的な認知メカニズムに通ずるように思われる．この観測が正しければ，普遍文法の解明は言語に限らない一般的な意義を持つことになる．このように考えると，言語固有性にはあまりこだわらない方がよいのではないか．

　また，普遍文法は人間という種に固有だという考え方に関しても，逆に，言語の根底にある基本的な認知の仕組が種を越えて一般的だと考えた方が，言語研究の重要性が増すはずである．たとえ普遍文法が人間に固有の遺伝形質であったとしても，それが進化によってもたらされたのは偶然ではないだろう．もちろん，淘汰に関して中立的な多くの要因が普遍文法に含まれる可能性はある．しかし，極小主義のアプローチが成功するとすれば，それは情報処理のコストの最小化のような原理が言語使用において働いているからであり，少なくともその限りにおいて文法は最適性に支配され，淘汰において有利なものと考えられる．

　言語獲得が何らかの生得的知識に基づいて行なわれていることは明らかであり，その知識を普遍文法と呼んでもよかろう．しかし，その普遍文法が人間の

言語に固有だと考えず，一般的な情報処理の原理から普遍文法を学習する方法を求めようという考え方もありうる．第4章で紹介されている計算論的なアプローチの中でも特にニューラルネットワークの研究にはその傾向が強い．もちろんそのような研究はまだまだ発展途上にあり，一般原理から普遍文法を導くにはほど遠いが，生成文法の研究が進んで理論が抽象化され，計算論的な扱いが容易になるにつれて，その可能性が現実のものとなるのではないか．

これまでのところ計算論的な検討がとりわけ不十分と思われる命題に，「刺激の貧困」，つまり，子供の言語獲得過程に対する入力が質，量ともに不足しているという主張がある．この主張は直観的には妥当であるように思われるが，その証拠となる統計的データはない．この主張を検証するには，実際に子供が与えられる情報と一般的な情報処理の原理だけからではいかなる学習アルゴリズムによっても大人の言語知識を学習できないとか，社会的な相互作用が進化の過程で蓄積されるだけでは十分豊かな普遍文法が形成されないとかいう証明が必要だが，そのようなものは見当たらないのである．否定証拠（間違いだという但し書き付きの発話資料）が子供の言語獲得に使われないということが強調されるが，発話を確率的に生成するような文法モデルを前提すれば，否定証拠がなくても事実上あらゆる文法を学習できることが知られている．ただしもちろん，子供と同様の言語獲得がそのような仕方で実際に可能かどうかは定量的に検討されていない．

人間の言語に固有の普遍文法という考え方は，作業仮説としてだけでなく，あるいはそれよりはむしろ，研究方略として非常に優れている．そのような普遍文法を仮定し，それがどのような学習や進化によってもたらされたかを不問に付することにより，もっと達成可能性の高い研究目標に集中することができるからである．研究者の立場としては，Chomskyの考え方に真向から反対するというのではなく，この研究方略を採用しつつもそれを作業仮説とは考えないということもありうる．さて，読者はどのような立場を採られるだろうか．

目　次

〈言語の科学〉へのいざない ・・・・・・・・・・・・・・・ v
学習の手引き ・・・・・・・・・・・・・・・・・・・・・ ix

1　言語の普遍性と領域固有性　　1

1.1　文法とその使用 ・・・・・・・・・・・・・ 3
1.2　言語の性質 ・・・・・・・・・・・・・・・ 6
1.3　言語の普遍性と個別性 ・・・・・・・・・・ 8
1.4　言語獲得における普遍文法の関与 ・・・・・ 17
　　(a)　言語獲得における早期発現 ・・・・・・ 18
　　(b)　ピジンとクレオール ・・・・・・・・・ 22
1.5　言語の種固有性 ・・・・・・・・・・・・・ 23
1.6　言語の領域固有性 ・・・・・・・・・・・・ 28
1.7　Elman らのネットワークモデルの妥当性 ・・ 30
第1章のまとめ ・・・・・・・・・・・・・・・・ 37

2　言語獲得と普遍文法　　39

2.1　言語獲得研究と生成文法理論 ・・・・・・・ 41
　　(a)　生成文法理論と言語獲得モデル ・・・・ 43
　　(b)　原理とパラメータのアプローチと言語獲得理論 ・・ 46
　　(c)　普遍文法の内部構成と言語獲得理論 ・・ 56
　　(d)　情報の引き出し方法 ・・・・・・・・・ 61
2.2　音声の獲得 ・・・・・・・・・・・・・・・ 70
　　(a)　カテゴリー知覚 ・・・・・・・・・・・ 72
　　(b)　母語と他の言語の弁別 ・・・・・・・・ 74
　　(c)　母語の分節的特徴・韻律的特徴と語の同定 ・・ 77
　　(d)　喃語から初語へ ・・・・・・・・・・・ 79
　　(e)　知覚と産出のずれ ・・・・・・・・・・ 81
2.3　語彙的情報（レキシコン）の獲得 ・・・・・ 83

(a)　意味の獲得 ・・・・・・・・・・・・・・ *86*
　　　(b)　音韻の獲得 ・・・・・・・・・・・・・・ *90*
　　　(c)　動詞の項構造の獲得 ・・・・・・・・・・ *96*
　2.4　展　　望 ・・・・・・・・・・・・・・・・・ *100*
　第 2 章のまとめ ・・・・・・・・・・・・・・・・ *101*

3　言語理論と失語症 ・・・・・・・・・・・・・ *103*

　3.1　統語理論と神経系との対応づけ ・・・・・・・ *105*
　3.2　統語理解障害の言語学的分析 ・・・・・・・・ *106*
　　　(a)　統語機能の脳構造への理論的アプローチ ・ *106*
　　　(b)　統語上の移動がなぜ重要なのか ・・・・・ *109*
　　　(c)　痕跡削除の仮説 ・・・・・・・・・・・・ *116*
　　　(d)　文法性判断による結果 ・・・・・・・・・ *120*
　3.3　失語症と言語理論 ・・・・・・・・・・・・・ *123*
　　　(a)　崩壊適合性 ・・・・・・・・・・・・・・ *123*
　　　(b)　受動文について ・・・・・・・・・・・・ *124*
　3.4　痕跡削除の仮説の修正：痕跡に基づいた説明 ・・ *126*
　　　(a)　指示性と談話連結 ・・・・・・・・・・・ *126*
　　　(b)　指示的ストラテジー ・・・・・・・・・・ *128*
　　　(c)　再形式化 ・・・・・・・・・・・・・・・ *129*
　3.5　失語症の比較研究：英語と日本語における語順 ・ *131*
　3.6　展　　望 ・・・・・・・・・・・・・・・・・ *134*
　第 3 章のまとめ ・・・・・・・・・・・・・・・・ *134*

4　言語学習の計算モデル ・・・・・・・・・・・ *137*

　4.1　モデルの意味 ・・・・・・・・・・・・・・・ *139*
　　　(a)　モデル化の目的 ・・・・・・・・・・・・ *139*
　　　(b)　モデル化の戦略 ・・・・・・・・・・・・ *140*
　　　(c)　モデルの評価 ・・・・・・・・・・・・・ *141*
　4.2　統語規則の獲得のモデル ・・・・・・・・・・ *143*
　4.3　意味獲得のモデル ・・・・・・・・・・・・・ *153*
　　　(a)　語の意味獲得 ・・・・・・・・・・・・・ *154*

(b)　複数語からなる発話の意味獲得 ・・・・・・・・・　*161*
4.4　展　　望・・・・・・・・・・・・・・・・・・　*164*
第4章のまとめ ・・・・・・・・・・・・・・・・・・　*165*

用 語 解 説・・・・・・・・・・・・・・・・・・・　*167*
読 書 案 内・・・・・・・・・・・・・・・・・・・　*169*
参 考 文 献・・・・・・・・・・・・・・・・・・・　*173*
索　　　引・・・・・・・・・・・・・・・・・・・　*189*

1
言語の普遍性と領域固有性

1 言語の普遍性と領域固有性

【本章の課題】

　生成文法は言語獲得という事実にその経験的基盤を求める点にその最たる特徴がある．事実，生成文法の創始者であり，その発展をリードしてきた Noam Chomsky の著作では，それが言語学的にテクニカルなものであっても，必ずと言ってよいほど，少なくともその冒頭と末尾には，その著作での議論が言語獲得を可能にしている心的メカニズムの解明にどのように有機的に関連しうるかについての論述がなされている．

　しかし，日本における生成文法研究においては，さまざまな理由から，生成文法の言語分析に主たる関心が集まって，生成文法が本来なにを目指して言語分析を行っているのかについての議論はないがしろにされる傾向が強い．

　本章では，生成文法の言語観を言語の普遍性および領域固有性の側面から解説・検討する．

　言語の普遍性に対する関心は古くから存在するが，生成文法ではその普遍性を言語の生得性との関連で位置づけている点に際立った特徴がある．加えて，言語の領域固有性に関する省察も，こころ (mind) の構造と機能を明らかにすることを目標とする認知科学 (cognitive science) にとってきわめて重要である．

　言語の普遍性と領域固有性をどのように捉えるかは言語の獲得および喪失を考える上でもきわめて重要である．なぜなら，それは言語の生得性の問題とも密接に関連するからである．その意味で本章は本巻全体の基盤を成すものであり，読者には，まず本章を読んだうえで，それに続く各章を読まれることをお勧めする．

1.1 文法とその使用

まず，つぎの文を見ていただきたい．

(1) 　a. 二人の複合選手の母親が誇らしげに記者会見に応じた．
　　　　b. 複合選手の母親が二人誇らしげに記者会見に応じた．

(1a)の場合，「二人」と言われている(「二人」が叙述している)のは複合選手ないしは母親である．以下では，話を必要以上に複雑にしないために，「複合選手の母親」は生みの親に限定し，また，複合選手の父親は再婚経験がないものとすることにしよう．「二人」というのが複合選手のことであるという場合には，「母親」というのはその二人の複合選手に共通する母親(つまり，二人の複合選手は兄弟であり，したがって，母親は一人)という解釈もあり得るし，そうではなく，二人の複合選手それぞれ別々の母親という解釈もあり得る．

これに対して，「二人」というのが母親のことであるという場合には，複合選手は兄弟であるという解釈はあり得ない．もちろん，(2)のように，先行文脈を与えることによって，これらの解釈のいずれかに定めることもできるが，文脈を捨象して考えればいずれの解釈も可能である．

(2) 　日本を代表するその複合選手はオリンピック史上初の兄弟による金メダル・銀メダル独占を成し遂げた．表彰式のあと，二人の複合選手の母親が誇らしげに記者会見に応じた．

言うまでもなく，この場合，「二人」は「複合選手」を叙述する．

それに対して，(1b)はどうだろうか．この場合は，「二人」と言われているのは母親であるという解釈のみ可能で，複合選手という解釈は許容されない．だから，(1a)の場合に許容された兄弟の複合選手の母親(つまり，母親は一人)という解釈は(1b)についてはぜったいに許容されない．(3)がおかしいのはまさにその理由による．

(3) 　日本を代表するその複合選手はオリンピック史上初の兄弟による金メダル・銀メダル独占を成し遂げた．表彰式のあと，複合選手の母親が二人誇らしげに記者会見に応じた．

ここまで，これこれの解釈が「可能である」とか，「許容されない」とかという言い回しを使ったが，それは，日本語を母語とする人(日本語話者，native speaker of Japanese)がそのような判断(judgement)を下すことができるという意味である．もちろん，日本語話者であればだれでもそのような判断をすぐに下せるというわけではなく，また，判断の内容を報告する仕方もひとりひとり異なっているであろう．ここで大切なことは，判断に要する時間や報告の仕方などは異なっていても，日本語話者であれば，だれでも実質，前述の内容をもった判断を下すことができるという点である．

また，同時に大切なことは，日本語話者でないものは前述の判断を下すことができないという点である．つまり，いま述べた判断を下すことができるためには日本語話者であることが必要十分条件になっているのである．なお，日本語話者ではないが，外国語として日本語を身に付けた学習者が前述の判断を下すことができるようになる場合がある．それをどのように考えるかは興味深い問題であるが，以下の議論の本質には直接かかわらないので，ここではその問題には立ち入らない．

さて，日本語話者が，そして日本語話者のみが，前述の判断を下すことができるのはなぜだろうか．ここでは，それは日本語話者が，そして日本語話者のみが日本語の知識を脳に内蔵しているからであると考える．その日本語の知識を日本語の**文法**(grammar)と呼ぶ．この意味での文法は脳に内蔵された(internalized)ものであるので，**I–言語**(I-language)と呼ぶこともある．なお，I–言語のIには，「内蔵された」という以外に，「個別の」(individual)と「内包的な」(intensional)の意味も込められている(Chomsky 1986，本叢書第6巻第1章参照)．一般に，L語の話者(native speaker of Language L)がその脳に内蔵するL語の知識をL語の文法ないしはL語のI–言語と呼ぶ．本章で言う「言語」は，特にことわらない限り，この意味での文法ないしはI–言語を指す．また，文脈に応じて，「言語」のかわりに「文法」という用語を同じ意味で用いる．

念のために，つぎの点を付け加えておきたい．いま観察したように，たしかに(1a)は二とおりの解釈を許容するが，音声言語では，異なった音調や休止などを利用することにより，その解釈をどちらか一方に傾斜ないしは固定させることができる．しかし，ここで大切なことは，(1b)の場合には，音調や休止などをどのように工夫しても，「二人」を「複合選手」と関連づけて解釈することはできないという点である．

さて，このように考えると，わたくしたちは母語の文法を脳に内蔵していることになるが，文法それ自体は直接観察することができない．文法の持っている属性を窺うことができるのは，**言語理解**(language comprehension)，**発話**(あるいは，**言語産出** production)，さらには，言語に関するさまざまな**判断**(たとえば，(1a)の「二人」は複合選手のこととも母親のこととも解釈できるが，(1b)の「二人」は母親のこととしか解釈できない)などの**言語使用**(language use，あるいは**言語運用** linguistic performance，第 6 巻第 1 章参照)をとおしてのみである．

言語使用には，言うまでもなく，文法以外の要因も関与する．文法以外のさまざまな種類の知識も関与するし，情報処理機構が持つさまざまな性質(たとえば，記憶)も関与する．

理解の過程を考えよう．たとえば，双子の複合選手がオリンピックでそろって入賞した翌日の新聞で双子の複合選手が出場していたことを知っている(つまり，文法以外のそのような知識を持っている)人が(1a)の文を見つければ，「二人」とは複合選手のことであろうという解釈がほぼ一義的に得られるだろう．

一方，日本語話者であっても，(4)の文を提示されて，その意味をすぐに了解できる人はそう多くないだろう．

　(4)　十二人の三人の二人の複合選手の母親の友人が誇らしげに記者会見に応じた．

(4)は二人の複合選手を持つ三人の母親(つまり，ここで話題になっている複合選手は全部で六人)の友人が十二人，記者会見に応じたという意味を担う文である．

順を追ってみていこう．まず，(5)を考える．
　(5)　十二人の友人が誇らしげに記者会見に応じた．
(5)の「友人」という部分を「三人の母親の」という表現で修飾すると，(6)が得られる．
　(6)　十二人の三人の母親の友人が誇らしげに記者会見に応じた．
さらに，(6)の「母親」という部分を「二人の複合選手」という表現で修飾すると，(4)が得られる．つまり，(4)は(5)を骨格として，日本語文法で許容されている修飾の仕組みを合法的に使って得られたものであるので，その意味で日本語文法にかなっており，文法的であると言える．しかし，その解釈を求め

られると，日本語話者であってもなかなか容易にはいかない．また，文体という観点から見れば，きわめて座りのよくない悪文である．それは，おおむね同じ修飾の仕組みを何重にも埋め込んで用いており，結果的には，「十二人」「三人」「二人」という数量表現が連続して現れるから，言語情報処理機構に過度な負担がかかるためと考えられる．

一方，発話の場合にも，(1a)を発話しようとして，(7)のように言い間違ってしまうことがある．

(7) 二人の複合選手の母親が誇らげしに記者会見に応じた．

(7)を発話した人の脳に収められている辞書（心内辞書 mental lexicon, 第3巻参照）には「誇らげし」という語彙項目はなく，他の日本語話者の辞書同様，「誇らしげ」という項目が入っているはずであるが，文法とは直接関係のないなんらかの理由で言い間違いを犯してしまったと考えられる．事実，(7)のような言い間違いを犯した場合，それに気づき，自己訂正(self repair)を行うこともまれなことではない．

このように，言語使用においては，文法以外の要因も関与するので，言語使用の観察をもとに文法の属性を推し量るときには，特段の注意が必要である．他の要因の影響を排除しながら文法の属性をなるべく正確に推し量るための情報を引きだす方法(elicitation)については，郡司(1995)，大津(1995)，Crain & Thornton(1998)および本巻第2章などを参照されたい．

1.2　言語の性質

言語に限らず，一定の認知能力を問題にするとき，その認知能力の種固有性，生得性，そして，領域固有性が論じられることが多い．言語の場合には，それに加えて，その普遍性がしばしば問題とされる．本節では，これらの概念について一般的な考察を行い，次節以降で言語の問題を考えるための準備をする．

ある認知能力が一定の生物種に限って備わっている場合に，その認知能力はその**種に固有**である(species-specific)と言う．言語関連の文脈では，言語が生物種としてのヒト(homo sapiens)に固有であるか否かという問題を指す．ヒト以外の動物，とくにチンパンジーやボノボなどヒト以外の霊長類にも言語の獲得が可能であるか否かの問題がそれである．

生得性(innateness)という概念はさまざまな意味で用いられるが，本章ではある認知能力の少なくともある一定の側面が生物学的・遺伝的に規定されているという意味に限定して議論を進める．つまり，問題の認知能力の少なくともある一定の側面が遺伝子情報として組み込まれている場合に，その認知能力には生得性が関与していると言う．

　言語の**普遍性**(universality)は，ある言語属性がなんらかの意味で普遍的に存在する場合に用いられる概念である．「なんらかの意味で」という部分に関してはさまざまな可能性が考えられる．ある属性がすべての言語に共通するものとして具現化されている場合は，言うまでもなく，その属性は普遍的であるとされる．しかし，そうした「絶対的」な普遍性以外の「相対的」な普遍性も考えられる．たとえば，**含意法則**(implicational law)により捉えられる関係(つまり，ある文法に言語属性Xが存在するならば，必ず言語属性Yが存在する)を含んだ普遍性(たとえば，「VSOという語順が優勢な言語では，屈折変化をする助動詞は常に本動詞に先立ち，SOVという語順が優勢な言語では，屈折変化をする助動詞は常に本動詞の後にくる」という**Greenbergの普遍性**(Greenberg 1963))などがその一つの例である．

　ある体系がそれと相互作用する他の体系と質的に異なるとき，その体系は**領域固有性**(domain-specificity)を持つと言う．言語との関連では，知識レベルでの言語の領域固有性が問題にされる場合と，使用レベルでの言語の領域固有性が問題とされる場合がある．また，いずれの場合にも，**初期状態**(initial state，人間がこの世に生まれ落ちて，まだ，外界からの情報，すなわち，経験をまったく取り込んでいない状態．別の言い方をすれば，生得的情報によってのみ決定された状態)での領域固有性と**安定状態**(steady state，生後経験を取り込んだ結果，「最終的に」実現される状態．「最終的に」とかっこで囲んだのは，それ以降も周辺的な部分での変化が起こる可能性を許容するためである)での領域固有性を区別して考える必要がある．

　領域固有性に関連して，**モジュール性**(modularity)という用語が用いられることがある．ある体系が全体として一つのまとまりを成しながらも，内部的に複数の下位体系に分割され，しかも，それらの下位体系間に相互作用が認められるとき，その体系はモジュール性を持つと言い，一つ一つの下位体系を**モジュール**(module)と呼ぶ．モジュールは内的・外的に固有の性質を持つので，領

域固有性を持つ．本章では，「モジュール性」と「領域固有性」を同義に用いる．

1.3 言語の普遍性と個別性

日本語や英語などの個別の言語を**個別言語**(particular language．なお，この場合の particular は，「個別の」「特定の」といった意味で，「変わった」「特殊な」という意味は担っていないことに注意)と呼ぶ．個別言語は語彙体系についてはもちろんのこと，音韻体系や文法体系もそれぞれ異なるので，その意味で言語は個別的であると言える．

では，個別言語は互いに異質の，共通の性質を持たない体系なのであろうか．事実，日常的には，日本語について，「日本語は特殊な言語である」といった言い方で，その個別性が強調される傾向がある．

しかし，その一方で，みかけの上でのばらつきにもかかわらず，個別言語は普遍的な原理の上に築かれた体系であるという考え方が古くから多くの研究者の関心を惹いてきた．たとえば，**言語類型論**(linguistic typology)は，特定の基準を用いて世界の言語を分類し，「それぞれのグループの言語特徴を把握することによって，世界の言語の構造上の可能性の範囲，および言語間の変異(variation)のありかたを理解することを最終目的」(柴谷 1989)とした研究領域であり，体系化されたものだけに限っても，その歴史は 19 世紀初頭にまで遡る．

現代の文法理論，ことに**生成文法**(generative grammar，第 6 巻参照)も言語の普遍性に関する理論(普遍文法 Universal Grammar，UG，後述)を構築することをその主要な目標としている．

しかし，生成文法が言語の普遍性を問題とするときには，それまでの普遍性追及の試みの多くとはその意味合いが質的に異なる．それは，言語獲得に関する省察および個別文法と文法理論に関する実証的な研究にもとづいて，言語の普遍性および許容される個別性に生物学的意味付けを与えたことにある．この点について，さらに立ち入って検討しよう．

言語獲得のメカニズムを考えるとき，その入力と出力の性質を明らかにする必要がある．その場合の入力とは，子どもが生後外界から取り込む情報，つま

り，**経験**(experience)である．一方，出力は獲得される（おとなの）文法である．

まず，入力の性質を検討しよう．経験のなかで重要な役割を果たすと考えられる言語経験は，個人的で，ばらつきがあり，かつ，文構造的に単純なものが大部分を占める．

言語獲得の過程で，ひとりひとりの子どもが取り込む言語経験が個人的なものであることは言うまでもないが，量的・質的にも大きなばらつきがある．この点は，たとえば，伝統的な外国語学習の場合と比べるとはっきりする．後者の場合，学習者に与えられる語彙や文構造が学習段階に応じてコントロールされている．しかし，母語の獲得の場合には，そのような考慮はなされない．

つぎに，構造が単純であるという点について解説する．(8a, b)などの文で下線部は（ほぼ）文の形をしていて，それが全体の文の一部になっている．

(8)　a.　<u>きのうメイン州で食べた</u> ロブスターはとても美味であった．
　　　b.　The lobster <u>I ate in Maine yesterday</u> was very delicious.

このとき，下線を付した部分は全体の文の一部として，その中に埋め込まれた文（あるいは，節）であるので，**埋め込み文**(embedded sentence)と呼ばれる．埋め込み文をまったく含まない文を（埋め込み）**度数 0 (Degree 0) の文**，埋め込み文を n 個含む文を**度数 n の文**と呼ぶ．

さて，Roger Brown (Brown 1973 など) が収集した 3 人の子ども Adam, Eve, Sarah (およそ生後 18 か月から 50 か月まで) に対してなされた発話（その大部分はまわりのおとなたちによるもの）を構造の観点から分析した Morgan (1986) がまとめたものが表 1.1 である．表 1.1 を見ると，発話の大部分（約 90–95%）が埋め込み文をまったく含まない単文（度数 0）であって，埋め込み文を含むものでも度数の上限はほぼ 1 であることがわかる．

つぎに，出力である文法の性質について考えよう．まず，文法は，複雑で有機的，かつ，抽象的な体系であり，しかも，文法に固有な属性を含んだ体系であるという点に注目したい．なお，ここで言う「抽象的」(abstract)とは，直接知覚できる情報から乖離したという意味で，その度合いが高まるほど，抽象度が増す．

文法のこのような性質については第 6 巻に多くの事例とともに解説があるが，ここでは先ほど取り上げた例（再掲）を利用して解説しよう．

(1)　a.　二人の複合選手の母親が誇らしげに記者会見に応じた．

b. 複合選手の母親が二人誇らしげに記者会見に応じた．

日本語では，(1a)に見られるように，「二人」のような数量表現をそれが叙述する名詞句（名詞を中心とした句構成素）の内側に置くこともできるが，(1b)のようにその名詞句から遊離することもできる．(1b)の場合，「二人」はそれが叙述する「複合選手の母親」という名詞句から遊離して，その外側に位置してい

表 1.1 埋め込み文を含むおとなの発話数

	度数 0	度数 1	度数 2
ステージ 1			
Adam	218	14	1
Eve	243	16	0
Sarah	396	19	0
合　計	857	49 (5.4%)	1 (0.1%)
ステージ 2			
Adam	276	26	3
Eve	294	20	0
Sarah	229	16	2
合　計	799	62 (7.2%)	5 (0.6%)
ステージ 3			
Adam	—	—	—
Eve	276	31	2
Sarah	252	18	0
合　計	528	49 (8.5%)	2 (0.3%)
ステージ 4			
Adam	181	31	1
Eve	345	34	4
Sarah	326	32	0
合　計	852	97 (10.2%)	5 (0.5%)
ステージ 5			
Adam	258	48	2
Eve	307	21	1
Sarah	200	22	1
合　計	765	91 (10.6%)	4 (0.5%)
総　計	3801	348 (8.4%)	17 (0.4%)

「ステージ」は平均発話長による発達区分

る．ちなみに，いま述べたのはあくまで表面的な記述であって，(1b)は，もともとは「複合選手の母親」と同じ名詞句内にあった「二人」が遊離して得られたものであるという分析を前提としたものではない．以下の記述は(1b)がどのように得られるかについての分析に影響を受けない．

すでに見たように，(1a)については「二人」は「複合選手」と「母親」のいずれも叙述しうるが，(1b)については「母親」しか叙述しえない．では，日本語の文法はいったいどのような機構を使ってそのような区別を導き出しているのであろうか．

(1b)について重要なのは，「複合選手の母親」という名詞句がそれ自体「複合選手」という名詞句をその内部に含んでいるという点である．つまり，「複合選手の母親」は概略つぎのような構造を持つ．

(9) ［名詞句1 ［名詞句2 複合選手］の母親］
(10)

ちなみに，(9)では，「複合選手」は名詞単独で名詞句を作っているが，(9)における名詞句2の位置にはより複雑な構造を持った名詞句も生起しうる．たとえば，(11)を参照されたい．

(11) ［名詞句1 ［名詞句2 オリンピックで入賞した複合選手］の母親］

さて，(9)(10)に戻ろう．ここで重要なことは，「複合選手の母親」において「複合選手」は全体の名詞句(名詞句1)の一部を成す名詞句(名詞句2)となっており，名詞句2の外部にある「母親」よりも構造的に低い位置に置かれているという点である．

このような構造的な位置関係のもとで「複合選手」ないしは「(複合選手の)母親」を全体の名詞句(名詞句1)の外にある「二人」と関連づけようとするとき，構造的に見て，関連づけられる名詞句は「二人」と同位か高位になくてはならない．構造的に高い位置にある「母親」についてはその関連づけが許容されるが，低い位置にある「複合選手」についてはその関連づけが許容されないのである．

ここでは本叢書の性質上，なるべく直感的に理解ができるような形で提示したが，文法の性質を体系的に探ろうとする場合には，直感に訴えるようなやり方だけでは不十分で，たとえば，構造的な位置の上下関係を明示的に規定する必要がある（厳密には，構成素統御 c-command などの概念を用いて説明される．第6巻参照）．しかし，この例一つを見ても，文法が複雑で有機的，かつ，抽象的な体系（構造的な位置の上下関係，数量表現とそれが叙述する名詞句との「関連づけ」，など）であること，さらに，文法に固有な属性（「名詞句」など）を含んだものであることがある程度理解できるはずである．

上の例は日本語の例であるが，同様の構造的な位置関係に言及する文法上の規定は他の言語にもごく普通に見られる．もう一つの例を英語から引こう．

(12) Bill's brother criticized himself.

(12) に含まれる himself という再帰代名詞は同じ文中の性・数の一致する名詞句（先行詞）と関連づけられることによって，その指示対象（referent）が決定されるという性質をもっている（照応詞 anaphor と呼ばれる）．さて，(12) には Bill と (Bill's) brother という，himself と性（男性）と数（単数）が一致する名詞句が二つ存在する．しかし，英語話者は (12) の himself は (Bill's) brother としか関連づけられないという判断を下す．事実，brother を (himself と性が一致しない) wife と置き換えると，(13) のように非文になる．

(13) *Bill's wife criticized himself.

さて，これはなぜだろうか．そのかぎは Bill's brother という名詞句の構造にある．

(14) [名詞句1 [名詞句2 Bill('s)] brother]

(15)

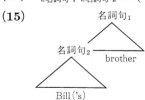

(14)(15) から明らかなように，Bill という名詞句（名詞句2）は全体の名詞句（名詞句1）の一部となっており，Bill は brother よりも構造的に低い位置に置かれている．すでに述べたように，再帰代名詞は同じ文中に性・数の一致する先行詞を必要とするが，その先行詞は再帰代名詞より構造的に同位か高位になくて

はならない．brother はその要件を満たし，himself の先行詞として許容されるが，Bill はそれを満たさず，先行詞として許容されない．

　これまでに見たのは，日本語の「二人」などの表現の解釈と英語の再帰代名詞の解釈という二つの言語現象だけであるが，この二つの現象の奥に共通した抽象的で，かつ言語に固有な原理の介在を感じ取ることはできるであろう．このように言語獲得の出力である文法は，言語に固有で，抽象的で，かつ普遍的な性質を持つと言える．さらに多くの事例とさらに詳細な分析などについては第 6 巻を参照されたい．

　文法のもう一つの性質として，同一言語共同体内で獲得される文法は本質的に均一の体系であるという点に注目したい．もちろん，同一言語共同体内であっても，獲得される語彙項目はひとりひとり異なっているであろう．「本質的に」という条件をつけたのはまさにそのような理由による．さらに，文法の規則性の中でも周辺的な部分については，同一言語共同体内でもある程度のばらつきが許容されるということはある．しかし，文法の中核的な部分については均一の体系でないと，共同体の成員間の言語活動に支障をきたすことになる．

　さて，これまで見たところを整理しよう．図 1.1 の入力と出力を比べると両者の間に明らかな質的隔たりがある．一般に，ある能力の獲得に関して，入力（経験）と出力（獲得される能力）の間に質的な隔たりがある場合，**刺激の貧困**（poverty of the stimulus）の状態が存在すると言う（第 1 巻，第 6 巻参照）．なお，「刺激」とは本章でいう経験のことである．

図 1.1　言語獲得

　上で述べた「質的な隔たりがある」という部分をつぎのように表現することもできる．

(16)　経験と一般的（汎用）知識獲得機構のみによって言語獲得を説明することはできない．

(16) にもかかわらず言語獲得が可能なのはなぜかという問を，言語獲得に関する**プラトンの問題**（Plato's problem）あるいは言語獲得に関する**論理的問題**

(logical problem) と呼ぶことがある．プラトンは対話篇『メノン』の中で，ソクラテスが幾何学の教育を受けたこともない召し使いの少年との対話によって，少年が幾何についての知識を持っていることを明らかにする様子を描いている．「プラトンの問題」という名称が用いられるのは，言語獲得が，「我々が経験できることはかぎられているのに，なぜかくも豊かな知識を身につけることができるのか」というこのプラトン以来の認識論的テーゼを具現したものにほかならないからである．また，「論理的」問題の名称は，言語獲得がどのような過程を経て達成されるのかという言語獲得に関する「発達的」(developmental) 問題に対立させて用いられる．

生成文法では言語獲得に関するプラトンの問題を言語研究の基本問題と定め，その問題を解くためにつぎのような言語獲得モデルを提案している．

(**17**) 言語獲得は経験と**言語獲得装置**(language acquisition device, LAD) の相互作用によって達成される．言語獲得装置は獲得可能な文法の類を規定した**普遍文法**(universal grammar, UG)，および経験と普遍文法の相互作用のあり方を規定した**言語獲得原理**(language acquisition principle)から成る．

このモデルを図示すると図 1.2 のようになる．

図 **1.2** 言語獲得原理

本章のトピックである言語の普遍性と領域固有性の観点から重要な点は，生成文法が言語の普遍性と領域固有性を普遍文法の反映としている点である．すなわち，生成文法では普遍文法を生物学的理由により普遍である言語の諸属性についての理論として捉え，かつ，それは言語に固有のものと考える．ここでいう「生物学的理由により」という部分は「遺伝的に」と言い換えてもさしつかえない．また，しばしば普遍文法ないしは言語獲得装置は**生得的**(innate) であると言われることもあるが，すでに述べたように，その意味するところは「生物学的理由により」「遺伝的に」ということである．

第 6 巻に収められた諸章，とくに第 1 章と第 4 章で明確に述べられているように，生成文法は母語話者の脳に内蔵された言語知識（文法）の性質およびその

獲得と使用の過程を明らかにすることによって，ヒトのこころ(mind)の性質を探ろうとする認知科学研究プロジェクトである．言語知識(文法)を対象にするのは，いずれもこのあと詳述するつぎの理由による．

(A) 言語知識はヒトという(生物)種(homo sapiens)に固有(species-specific)であり，しかも，種に均一的である(species-uniform)．

(B) 言語知識は生得的要因と生後子どもが外界から取り込む経験の相互作用の産物として獲得されるものである．

さて，(17)のモデルを受け入れた場合，言語獲得装置，わけても普遍文法が満たさなくてはならない二つの要件がある．一つは，言語獲得装置は刺激の貧困にもかかわらず言語獲得が可能であることを説明できる程度に豊富な内容をもった機構でなくてはならないという要件である．これを「豊富さの要件」と呼ぼう．そして，もう一つは，言語獲得装置は獲得可能な文法であればどの個別言語の文法でも獲得ができることを説明できる程度に抽象的でなくてはならないという要件である．これを「抽象性の要件」と呼ぼう．

現在，この二つの要件を満たすべき普遍文法に関して，多くの研究者に受け入れられているのが，**普遍文法に対する原理とパラメータのアプローチ**(Principles and Parameters Approach to UG，以下P＆P)と呼ばれるアプローチである．P＆Pでは，普遍文法を有限個の原理からなる体系として捉え，その原理の中に可変部(パラメータ)を含むものがあると考える．可変部が採りうる値を**パラメータ値**と呼び，経験と適合する値が最終的に定められる．パラメータに関して，経験との照合に先だってあらかじめ仮のパラメータ値が設定されており，経験との照合によってその仮の値が適合しないときのみ，その値の変更が行われるという考え方もある．その場合，経験との照合に先だって設定された仮のパラメータ値を**デフォルト**(default)**値**，あるいは，**無標**(unmarked)**値**と呼び，経験との照合により設定され直された値を**有標**(marked)**値**と呼ぶ．

P＆Pにしたがえば，普遍文法は，(i)文法獲得の初期状態，(ii)文法獲得の中間状態，(iii)文法獲得の安定状態のすべてを規定する．(ii), (iii)について言えば，普遍文法は，それぞれの状態における可能な個別性をも規定することになる．

言語獲得原理は経験と普遍文法の相互作用のあり方を規定したものである．具体的な例として，Hyams(1986)の提案する同形の原理(Isomorphism Principle)

を拡張・再解釈したつぎの原理（大津 1989）をあげることができる．

(18) 文法の構築にあたっては，経験および普遍文法の諸原理と矛盾しない限りで，すべての表示のレベル（D 構造，S 構造，論理形式，音声形式）で最大限に同形の表示を与えることができる文法を構築せよ（D 構造などについては，第 6 巻第 1 章を参照）．

この原理によって，獲得に関するつぎの事実を説明することができる（Hyams 1986 参照）．

(19) 獲得初期の文法には移動規則が存在しない．たとえば，移動規則が関与する受動構造や繰り上げ構造が存在しないのは，このためである．また，獲得の最初期には wh-移動も存在せず，最初期の発話に見られる wh-表現は範疇部門と語彙部門によって規定される位置に留まっている．

(20) 初期の発話には，意味的に空であり，格付与だけに関与する前置詞 of （たとえば，the kicking of the horse における of）は生起しない．

言語獲得原理のもう一つの例として，**間接否定証拠**（indirect negative evidence）の原理をあげることができる．この原理はもともと Chomsky (1981) において示唆されたものである．この原理の概略はつぎのようなものである（大津 1989）．

(21) a. 子どもが取り込んだある経験がその時点で獲得している文法の予測と矛盾し，かつ，その矛盾は普遍文法の原理に含まれるパラメータの値を変更すれば解消されるとき，その変更を裏付ける証拠が比較的単純な構造の中に具現化されているはずだという期待が生じる．

b. 子どもがその後取り込む経験はその期待を裏付けず，期待が生ずるきっかけとなった経験以外は問題のパラメータの値を変更しないことを支持している．

c. 上記 a, b がともに満たされた場合，子どもは期待された証拠が得られなかったのは偶然ではなく，原理的な理由による（つまり，問題のパラメータを含む原理がそれを非文法的な形式として許容しない）ことによるものと結論する．

最後に，図 1.2 に示された言語獲得モデルには時間という要因が含まれてい

ないことに注目しよう．このモデルの示すところは，言語獲得装置が，獲得に必要な経験を一括して取り込むと，瞬時にしておとなの文法が得られるというものである．この理由で，このモデルは，言語獲得に関する**瞬時的モデル**(instantaneous model)と呼ばれる．瞬時的モデルは，Chomsky らによる生成文法が一貫して採用しているものである．

言うまでもなく，瞬時的モデルは時間軸に沿って進行する現実の言語獲得とは異なる．しかし，生成文法は理想化された (idealized) このモデルは，言語獲得に関する最初の近似 (first approximation) として十分に価値のあるものであると主張し，事実，このモデルにもとづいて多くの研究成果をあげている．

このモデルの妥当性を論じるためには，関連する理想化 (idealization) の性質を正しくみきわめる必要がある．それはつぎの二つの仮定にもとづいている．

(22) a. 言語獲得に必要な経験を取り込む順序や時期は獲得される文法の性質に影響を与えない．
  b. 言語獲得の中間状態で生じる文法の性質は最終的に獲得される文法 (おとなの文法) の性質に影響を与えない．

これらの仮定は，同一言語共同体内で生まれ育つ子どもであっても，ひとりひとりが耳にする言語経験は異なっている．それにもかかわらず (語彙項目のばらつきなど周辺的な部分を除き) 本質的に同一の文法が獲得されるという観察にもとづいている．

したがって，瞬時的モデルの妥当性を論じるためには，(22) で示された二つの仮定の妥当性を論じなくてはならない．この点についての実証的な研究にもとづいた検討が梶田優らによる動的文法理論 (dynamic grammatical theory) 研究プロジェクトで精力的に行われている (たとえば，Kajita 1977, 1997)．このプロジェクトについては本巻第 2 章を参照のこと．

1.4 言語獲得における普遍文法の関与

前節でみた言語獲得モデルは，生得的な普遍文法をその一部に組み込んでいる．その理由は，すでにみたように，言語獲得に関するプラトンの問題の存在の認識によるのであるが，本節では，言語獲得における普遍文法の関与を裏付ける諸事実を検討する．

(a) 言語獲得における早期発現

普遍文法が言語獲得を支える生得的一要因として機能しているのであれば,成熟(maturation)の関与がない限り,その発現に必要なのはパラメータの値を設定するための経験の取り込みだけであるから,子どもの文法は早くから普遍文法の属性を反映した体系になっていることが予想される.事実,音声・音韻獲得については,(普遍文法という名称は用いられていないが)生後最小限の経験を取り込むだけで,部分的にはおとなの文法と同質の体系が構築されることを示す証拠が数多く報告されている(Eimas 1985; Jusczyk 1997 など).

なお,成熟とは,ヒトの歩行のように,比較的環境に影響されることなく,基盤にある神経構造が変化することによってもたらされる生得的な成長過程を指す.文法獲得の過程と成熟の関係については近年興味深い提案がいくつかなされている.それらについては本巻第 2 章を参照されたい.

Crain(1991)にまとめられている諸実験は,その論文の表題(「経験の欠如下での言語獲得」)が示すとおり,子どもの文法が言語獲得の初期段階から普遍文法の原理にしたがっていることを実証しようとしたものである.対象になっているのは,統語・意味の領域に関連する原理であるので,初期段階といっても,2 歳児,3 歳児,4 歳児を被験者としている.

たとえば,3, 4 歳児を被験者としたある実験では,(23)においては who と he が同一指示でありうるが,(24)においては同一指示ではありえないことをこれらの被験者がすでに「知っている」(つまり,かれらの文法がそのような判断を導くように構築されている)ことを示したとされている.Crain らは,(24)で who と he が同一指示でありえないという事実は**強い交差現象**(strong crossover phenomenon)として知られているが,その現象を普遍文法の原理である束縛原理(binding theory)によって説明するという立場に立ち,そうであるから 3 歳児であってもおとなと同質の判断が下せるのであるとする.

(23)　Who thinks he has big feet?

(24)　Who does he say has big feet?

かれらは 3 歳 7 か月から 4 歳 8 か月の幼児 12 人を被験者として,つぎのような実験を行った.まず,被験者のそばに二人の実験者がすわる.ひとり(実験者 1)は被験者に指示を,もう一人(実験者 2)は Kermit the Frog の人形を操

る．まず，実験者 1 が短い話をする (図 1.3)．

This is a story about Big Bird, Bert, and Huckleberry Hound. In this story they take a walk with RoboCop and Batman just before dark. The problem is that mosquitoes come out at dark, and bite everyone except for RoboCop and Batman because they are wearing special suits. Big Bird gets the most bites and is having trouble scratching them. RoboCop and Batman say, "We'll help you. We don't have any bites." Bert says, "I don't need RoboCop and Batman to help me. I can reach my bites." And Huckleberry Hound says, "Me neither. I don't need RoboCop and Batman to help me."

(要旨：Big Bird, Bert, Huckleberry Hound の 3 人が RoboCop と Batman とともに夕方散歩に出る．暗くなって，蚊が出始めるが，RoboCop と Batman は肌を露出していないので蚊に刺されずにすんだ．もっともひどく蚊に刺された Big Bird に対し，二人は「掻いてあげるよ」と言いながら，掻いてあげる．しかし，Bert と Huckleberry Hound の二人は，それぞれ，「自分で掻けるからいいよ」と断る．)

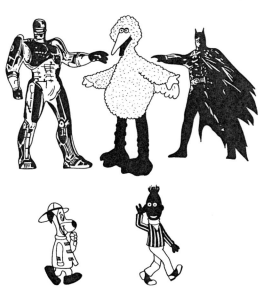

図 1.3　3,4 歳児に対する実験 (Crain 1991 より)

続いて，Kermit（実験者2）がこう言う．

　I know who they scratched——Bert and Huckleberry Hound.

被験者の課題は，この Kermit の発言がさきほどの話と整合するか否かを判断するというものである．整合すると判断した場合は Kermit にクッキーを，そうでないと判断した場合はごみを渡す．

　ここで鍵になるのは Kermit が言う

(25)　I know who they scratched——Bert and Huckleberry Hound.

という部分である．「ぼくはかれらが(they)だれを掻いたか知ってるよ——Bert と Huckleberry Hound だ」というこの文の they の指示対象が問題である．Bert と Huckleberry Hound の可能性があるが，そうだとするとこの they は who と同一指示ということになる．そして，実際，この二人はそれぞれ自分自身を掻いているのであるから，この可能性は十分考慮に値する．実際，この可能性が許されるのであれば，Kermit の発言は真ということになる．しかし，その可能性を文法は許容しない．Who は scratched の直接目的語の位置から主語位置を占める they を飛び越えて(crossover)，節の先頭に移動されている．したがって，この they と who が同一指示であると，結果として出てくる文は非文となる．

　そうではなく，they の指示対象が RoboCop と Batman であったらどうであろうか．この場合，文法が関与するかぎり，さきほどの問題は生じない．ただ，その場合，RoboCop と Batman は Bert と Huckleberry Hound を掻いていないのであるから，この Kermit の発言は間違っていることになる．

　したがって，被験者が問題の文法の制約(Crain らによれば束縛理論)を使ってこの課題に取り組んでいれば，被験者は Kermit にごみを渡すことになる．Crain らの報告によると，このような課題に対し，総反応の95%以上が正答であった．

　弱い交差現象を束縛理論によって説明しようとする立場や実験の方法に問題がないわけではないが，ここでは議論のために，その問題をたなあげして，この実験の結果が普遍文法の生得性の主張に対して，どのような意味を持つのかを検討しよう．

　最初に明確にしておかなくてはならないのは，このような実験では，被験者の年齢がいかに小さくても(音声・音韻獲得に関する実験のように生後数時間

という場合であっても），問題の獲得に生得的な普遍文法の原理が関与していることを証明することはできないという点である．被験者が生を受けてから実験に臨むまでに取り込むことができる経験の量がどんなに少なくてもそれをゼロにすることはできないからである．

では，Crain(1991)に代表される実験は，どのように普遍文法の生得性と関連を持つのか．それは上でおとなの文法との関連で述べた刺激の欠乏にもとづく議論である．おとなの文法の持つ性質には経験（および一般的知識獲得機構）だけから帰納されたとは考えられない属性が含まれている．それにもかかわらず言語獲得が可能なのはなぜか．生得的な普遍文法（および言語獲得原理）を仮定すれば，この問いに答えることができるというのが議論の大筋であった．ここで問題となっている，「経験（および一般的知識獲得機構）だけから帰納されたとは考えられない」属性がおとなの文法のみならず，（おとなの場合と比べて）取り込むことができる経験が限定されている子どもの文法にも観察されるということを明らかにすることができれば，その限定の度合いに応じて，いま述べた議論のもっともらしさ (plausibility) が増す．したがって，議論の形式に関する限り，Crain らの実験研究が普遍文法の生得性と持ちうる関連性は刺激の貧困にもとづく生成文法の従来の議論とまったく同一である．

Crain(1991) と類似した点はあるが，議論の形式という点では異なっているのが，Otsu(1981) である．Otsu は，英語の関係代名詞節から要素の摘出はできないという事実の説明を普遍文法の原理としての**下接の条件** (subjacency condition) に求め，つぎのことを実験によって示そうとした．

(26) 子どもは，英語の関係代名詞節構造を学習すると同時に，関係代名詞節から要素の摘出はできないという判断を下すことができる．

この研究も，実験の方法などに問題が残されているが，ここでは議論のために，そのような問題はたなあげすることにしよう．

下接の条件とは，おおむね，要素が移動する際，二つ以上の特定の範疇節点（境界節点 bounding node）を越えてはならないという一般的な原理である．たとえば，英語では関係代名詞節の中から wh 語を摘出することができない．この条件に関しては，境界節点の選択にはパラメータが関与していることが明らかとなり，さらに，その後の理論展開の過程で，障壁 (barriers) という概念を含む境界理論 (bounding theory) に吸収された（第 6 巻参照）．ここでは，議論

のために，そのような理論展開もたなあげすることにしよう．

　さて，下接の条件が生得的に与えれらており，文法獲得のはじめからそれが子どもの構築する文法を制約していると仮定しよう．その場合でも，下接の条件が子どもの文法を制約しているということが外的に観察可能になるのは，その条件が関与する構造を使った言語運用が可能となってからである．たとえば，子どもの発話や理解が単文の範囲に限定されている時期には，下接の条件が子どもの文法を制約しているかどうかは外的には窺うことができない．関係代名詞節など下接の条件が関与する構造が学習され，それを含んだ言語運用が可能になった時点で，はじめて下接の条件が機能しているかどうかを外的に調べることができるようになる．Otsu(1981)はこの点に着目した．

　もし，下接の条件が生得的であるなら，そして，その発現が成熟(maturation)によって統制されていないなら，関係代名詞節構造が学習されると同時に，その内部からの要素の摘出は許容されないように文法が構築されているはずである．つまり，(26)を満たすことは，下接の条件が生得的であることを示すための必要条件ということになる．もちろん，(26)を満たすことは，下接の条件が生得的であることを示すための十分条件とはなり得ない．言うまでもなく，生後，関係代名詞節構造学習までの間に，下接の条件を学習することは論理的に可能であるからである．

　いま述べた理由によって，(26)に合致する状況が現実の言語獲得過程で起こっていることを示すことによって，下接の条件が生得的であることのもっともらしさ(plausibility)を増すことができた．これがOtsu(1981)の実験の論理である．

(b)　ピジンとクレオール

　二つ(以上)の異なる言語を話す人々がなんらかの理由で長期間接触すると，そこにもともとの言語のいずれとも異なる接触言語が生じる．新たに生じたこの言語がこれらの人々の間に定着し，コミュニケーションの手段として用いられるようになった場合，その言語を**ピジン**(pidgin)と呼ぶ．ピジンを話す人々の世代が重ねられると，新たに生じた言語を母語として獲得する人々が現れる．このとき，母語として獲得された言語を**クレオール**(creole)と呼ぶ．ピジンとクレオールについては第11巻第3章に詳しい解説があるので，参照されたい．

文法の観点から見たとき，ピジンとクレオールは質的に異なる．ピジンは，接触したもともとの言語の文法の特徴を強く反映し，新たな言語というよりも，もともとの言語に寄生したものと捉えるのが適切である．それに対して，クレオールは先行するピジンとは関連を持たない特徴を持つというだけでなく，世界の各地に生じたクレオールは共通な特徴を持つ．さらに，それらの特徴は子どもの文法の持つ諸特徴とも符合する（Bickerton(1981, 1990)を参照）．

　ピジンとクレオールについて詳細な検討を行ったBickertonはクレオールに共通して見られる特徴は生得的なバイオプログラム（bioprogram）の反映であるとした．第11巻第3章に詳しく述べられているとおり，Bickertonは言語の系統発生に関して独自の見解を持っており，その見解との関連で，「普遍文法」とは異なった「バイオプログラム」という名称を用いている．しかし，バイオプログラムも言語に関する生得的機構の一部として唱えられているものであり，普遍文法と同質のものと考えて問題ない．したがって，ピジンとクレオールに関するBickertonの見解が妥当であるなら，それは普遍文法が言語獲得に本質的に関与していることを示すことになる．

1.5　言語の種固有性

　言語の種固有性に関連する研究として，チンパンジーやボノボなどヒト以外の霊長類に言語を獲得させようという数々の試みがある．以前は音声言語を発話させようとする試みもあったが，そうした試みが失敗に終わったこと，ヒトとの口腔の解剖学的差異によって，それが不可能であることが明らかになったことなどから，別種の試みが始められた．発話が不可能であるということ自体がかならずしも言語獲得が不可能であるということを意味しないからである．具体的には，手話，チップ，キーボードなどを用いての「発話」が試みられた．
　いくつかの「成功」例も報告されたが，チンパンジーたちの「発話」の多くは訓練者の「発話」の模倣にすぎないというTerraceらの指摘（Terrace et al. 1979）などの影響で，そうした試みも次第に衰退していった．
　ちなみに，手話（sign language）も普遍文法の原理にしたがうという意味で自然言語である．手話と普遍文法との関連については興味深い研究成果が数多く発表されている（たとえば，Lillo-Martin 1991; Valli & Lucas 1995などを参

照).

　言語の種固有性については，現在までのところ，それを否定する証拠は見当たらない．チンパンジーやボノボが「言語」を獲得としたという報告はある(手短なまとめとして Rumbaugh et al. 1994 を参照)が，それらはあくまでそれらの動物がコミュニケーションの手段として表面上人間の言語コミュニケーションに類似した手段を用いるように訓練することができるという可能性を示唆するのに留まっている．

　たとえば，文法のもつ重要な特性として**句構造**(phrase structure)をあげることができる(第6巻参照)．句構造とは，任意の言語表現を構成する諸要素の間の(i)線的順序と(ii)階層関係，および(iii)それらの諸要素が属する範疇に関する情報の総体を指す．

　句構造を表示したものを**句構造標識**(phrase structure marker, P-marker)と呼ぶが，その一つの形態が**樹状図**(tree diagram)で，(10)や(15)がその例である．樹状図を見ると，句構造に盛り込まれている上述の3種類の情報が一目瞭然である．

　線的順序の重要性は，語順(つまり，言語表現を構成する語の間の線的順序)に関する規定が比較的緩やかであると言われる日本語文法においても「述語は文の最終要素(つまり，右端に位置する要素)でなくてはならない」といった規則に明確に反映されている．

　英文法の場合には，線的順序の重要性をより容易に例示することができる．たとえば，つぎの2文を比較していただきたい．

(**27**)　John kissed Mary.
　　　　(John が Mary にキスした．)
(**28**)　Mary kissed John.
　　　　(Mary が John にキスした．)

動作動詞 kissed をはさんで，その左側に配される名詞句がその文の主語として動詞のあらわす動作の主体を指し，動詞の右側に配される名詞句がその目的語としてその動詞のあらわす動作の対象を指す．

　つぎに，階層関係の重要性を理解するためには，たとえば，(29)のあいまい性(ambiguity)を考えるとよい．

(**29**)　若い男と女

(29)はおおむね「若い男と年齢不詳の女」という意味と「若い男女」という意味のいずれを担うこともできるが，それぞれの意味は，図1.4という階層構造に対応するものと考えることができる．加えて，図1.4では省かれているが，階層構造を構成する諸要素（構成素 constituent）はそれぞれ一定の範疇（文構造に関する範疇なので，**統語範疇** syntactic category と呼ばれる）に属する．

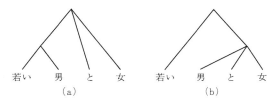

図 1.4　(29)の階層構造

これに対し，チンパンジーやボノボの「言語」獲得に関するこれまでの報告に，それらの動物の「言語」の基盤に句構造があることを示す証拠はない．具体的な例として，京都大学霊長類研究所のチンパンジー「アイ」に関する報告を検討してみよう（たとえば，松沢 1991）．

アイが「言語」表現を構成する要素の線的順序を「言語」表現の識別に利用している可能性は，アイが，例えば，「3本の赤い鉛筆」などを表現する際，必ず「赤い」などの色を表現する要素を最終要素とすることから窺える．また，たとえば，「AさんがBさんに近づく」を表現する際，まず「Aさん」をあらわすキーを，つぎに「近づく」をあらわすキーを押し，最後に「Bさん」をあらわすキーを押す．この場合，「Aさん」「Bさん」をあらわすキーを押す順序を入れ換えると，「BさんがAさんに近づく」を表現することになる．これも，アイが「言語」表現を構成する要素の線的順序を「言語」表現の識別に利用していることを示す例である．

また，アイが「言語」表現を少なくとも部分的には範疇に分類していることは，上の「3本の赤い鉛筆」の例からも窺える．しかし，分類された範疇がたとえば名詞とか動詞とかという統語範疇なのか，たとえば物性とか運動性とかという非言語的（概念）範疇なのかは判然としない．

さらに，アイの「言語」表現に統語的階層構造が認められることを示す証拠もない．文法では語だけなく，より高位の抽象的な階層単位も統語範疇に分類され，また，それらの統語範疇の間にも，一定の普遍的原理（いわゆるXバ

ーの原理，第6巻参照)が支配していることが明らかにされているが，アイの「言語」表現もそのような原理に支配されたものであることを示す証拠はまったくない．

このように見てくると，アイの「言語」に句構造という概念を認めなくてはならないという証拠は見当たらないことがわかる．そのほかの類似のプロジェクトについても，少なくとも筆者の知るかぎり，アイの場合と同様の結論を下すことができる．

これに対し，人間の幼児は早くから階層構造と統語範疇に立脚した文法を構築し，それを利用して言語活動を行うことが明らかにされている．詳細は第2章を参照願いたいが，ここでは英語のある種の疑問文に関する事例を紹介する．

(30b)に代表される英語のbe動詞(および助動詞)を伴った疑問文を作る操作を考える．なお，ここでは説明の便宜上，「平叙文からそれに対応する疑問文を作る操作」というような略式な言い方をする．

(30)　a. John is tall.
　　　b. Is John tall?

この操作は，(30)に関するかぎり，

(A)　平叙文の2番目の語を文頭に移動せよ．
(B)　平叙文の最初の名詞句に続く最初のbe動詞を文頭に移動せよ．
(C)　平叙文の主語名詞句に続く最初のbe動詞を文頭に移動せよ

のいずれとも受け取ることができる．

しかし，(A)が正解でないことは(31)を見ればわかる．

(31)　a. That boy is tall.
　　　b. Is that boy tall?
　　　c. *Boy that is tall?

もし，(A)が正解であれば，(31c)が(31a)に対応する疑問文となるが，事実はそうではない．もちろん，(31b)が正しい疑問文である．

(B)もまた正解でないことは(32)を見ればわかる．

(32)　a. The boy who is singing over there is tall.
　　　b. Is the boy who is singing over there tall?
　　　c. *Is the boy who singing over there is tall?

もし，(B)が正解であれば，(32c)が(32a)に対応する疑問文となるが，事実は

そうではない．言うまでもなく，(32b)が正しい疑問文である．

これに対して，(C)は(30)–(32)のすべてをうまく処理し，いずれの場合も正しい疑問文を導くことができる．

ここで注意すべきは(A)–(C)はそれぞれ性質を異にするという点である．(A)は語の線的順序(語順)のみに言及した操作である．(B)はそれに加え，「名詞句」など統語範疇に言及した操作である．(C)はさらに，「主語」(文に直接支配された名詞句)という階層構造に言及した操作である．

文法獲得の過程では，最初(30)のような単純な平叙文-疑問文の対を耳にし，(A)のような操作を文法に取り入れ，その後，より複雑な平叙文-疑問文の対を耳にするようになって，(B)，(C)の順にその操作の内容を改訂していくということが起きても不思議はない．しかし，実際のところは，そうはなっていない．子どもは最初から(C)の操作を採用するのである．その理由は，

（ⅰ）(A)，(B)を採用している時期があるとすると，それぞれ，(32c)，(33c)のような誤りが観察されるはずであるが，そのような報告はないこと．

（ⅱ）(A)，(B)を破棄するためには，それぞれ，(31c)，(32c)が非文であるという否定情報が必要であるが，言語獲得に否定情報は不要であることは多くの観察および分析によって裏付けられていること

による．

Crain & Nakayama (1987)はこの点を実験を用いて調査した研究である．かれらは3歳から5歳までの30人の被験者を対象につぎのような実験を行った．テーブルの上に『スター・ウォーズ』に登場する Jabba the Hutt をおき，異星人である Jabba がどのくらい地球のことを知るようになったかを被験者に調査させるべく，つぎのような指示を与える．

(33) Ask Jabba if the boy who is singing over there is tall.

この実験の鍵はこの指示文にある．この指示文は埋め込み疑問文を含むが，英語ではその語順が平叙文と同じになる．英文法の持つこの性質を巧みに利用した指示文なのである．

実験の結果，(32c)のような誤った疑問文は1例も観察されなかった．なお，Crain & Nakayama (1987)では，主語位置に天候表現に用いられる虚辞 (expletive)の it など指示対象を持たない名詞句を置いた文でも同様の実験を行っているが，結果は同様であった．

このように，人間の子どもは獲得の初期から，語順だけでなく，階層構造や統語範疇に言及した規則を内蔵していると考えることができる．

本節を閉じる前に，言語はヒトという生物種に固有であると同時に，均一である (species-uniform) ことを付記しておきたい．つまり，言語はそれ以外の認知能力や身体的属性によって影響されることなく，人間であれば誰でも獲得することができる．

(本節の前半は大津 (1998) の一部に加筆修正を加えたものである．)

1.6 言語の領域固有性

「言語の領域固有性」という用語はさまざまな研究者がさまざまな意味で用いており，それが無用な混乱をひき起こしている．そこで，まず，以下の議論で用いる「言語の領域固有性」について規定しておくことにしよう．

生成文法でいう「言語の領域固有性」とは心理レベル，もっと特定的には，知識レベルにおけるものである．前述のように，ここでいう言語 (文法) とは文文法のことであり，母語話者の脳に内蔵された当該言語の単一文内における規則性の知識を指す．知識には，文文法以外にも，**談話文法** (discourse grammar) や**語用知識** (pragmatic knowledge) など言語に関連するさまざまな知識や非言語的なさまざまな知識が存在する．「言語の領域固有性」とは，文文法という知識が談話文法や語用知識を含めたそれ以外の知識とは質的に異なるという主張を指す．

一般に，ある体系が他の知識と質的に異なるというのは，その体系が内的にも外的にも等質性を示すことを意味する．内的等質性とは，その体系内で用いられる原始語 (primitive) および法則を述べる際の原始語の結合方式が等質であるということである．また，外的等質性とは，その体系の諸法則が他の体系の諸法則との相互作用の仕方において互いに類似しているということである．この点については梶田 (1976) 参照．

文文法での原始語と考えられているものには，「有声性」「母音性」などの音韻素性，「名詞」「動詞」などの統語範疇，「を支配する」「に先行する」などの構造関係概念などが含まれ，これらの原始語をある特定の方式で結合することによって文法の法則が述べられる．たとえば，「英語の平叙文は，動詞句 (動詞

を中心的に支配するより大きな範疇）とそれに先行する名詞句（名詞を中心的に支配するより大きな範疇）から構成される」といった法則などがある．

これらの原始語および結合方式は，談話文法や語用知識を含むその他の知識で用いられる原始語および結合方式とは異質であり（たとえば，談話文法や語用知識で「を支配する」という原始語は使われないだろうし，非言語的知識で「名詞」「動詞」などの原始語は使われないだろう），その意味で文文法は内的等質性を持つと言える．

上に述べたことが正しく，加えて，文文法以外の知識もまた内的・外的等質性を持った知識に分割されるならば，知識はモジュール性を持ち，文文法はその一つのモジュールを構成するということになる．生成文法が（「モジュール性」という術語の使用はさておき）その当初から主張していたのが，この知識レベルにおけるモジュール性である．

なお，この点，言語のモジュール性に関する生成文法の立場は，入力系 (input system) にのみモジュール性を認める，「こころのモジュール性」(modularity of mind) に関する Fodor (1983) の立場とは異なるので注意が必要である．

以上，生成文法でいう言語の領域固有性（モジュール性）とは心理レベル，もっと特定的には知識レベルにおける主張であることをみた．いうまでもなく，この主張は論理的に要請されるものではなく，心の成り立ちに関する経験的主張である．しかし，生成文法研究の初期にあっては，言語の領域固有性はむしろ研究上の方略の性格を強く持っていた．すなわち，知識全体を言語を含むいくつかの下位体系（モジュール）に分割し，それぞれの性質を調査する．その結果，モジュール間に同一性や本質的類似性が認められれば，それは最初の分割設定が知識の本質を捉えそこなっていたことを意味する．逆に，モジュール間に相互作用は認められるものの，同一性や本質的類似性が認められないのであれば，それは最初の分割設定が知識の本質を正しく捉えていたことを意味する．この方略のもとで行われた研究の成果はおおむね言語の領域固有性を支持するものであった．そのような研究成果を背景に，言語の領域固有性は次第に実質的主張としての性格を強めていった（大津 1989）．

言語の領域固有性を支持する実証的証拠もある．それは言語と他の知識，認知能力との乖離 (dissociation) である．たとえば，**言語特定性障害** (specific language impairment, SLI) は，言語以外の認知能力にはまったく異常が見ら

れず，言語のみに障害が見られるという症例である．その他の関連する症例については，Pinker(1984)を参照されたい．

1.7 Elmanらのネットワークモデルの妥当性

　生成文法の主張する言語の領域固有性は単におとなの文法，すなわち，言語獲得の安定状態におけるものだけでなく，言語獲得の初期状態におけるものも含むことに注意する必要がある．すでに見たように，生成文法では言語獲得の初期状態として言語獲得装置を考えている．言語獲得装置は言うまでもなく，言語獲得専用のものであるからである．

　このような生成文法の主張に対して，安定状態における言語の領域固有性は認めながらも，初期状態における言語の領域固有性を認めない立場もある．たとえば，Elmanら(Elman 1991, 1993; Elman et al. 1996など)がそれである．Elman et al. (1996)によると，領域固有でない，一般的な生得的制約だけを仮定することによって，言語獲得を説明しうるというのが，その中心的な主張である．このElmanらの主張の根拠となっているのが，ニューラルネットワーク(neural network)を用いた実験であるが，本節では，Elman(1993)を例にとって，その批判的検討を行う．

　Elmanは，図1.5の構造を持ったニューラルネットワークを用いて実験を行った．ネットワークが学習しなくてはいけない課題は，ある語系列を提示されたとき，つぎに生起する語を予測することである．このネットワークの特徴は

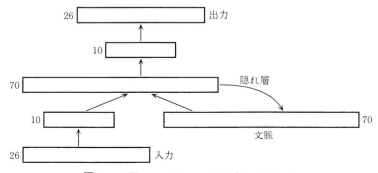

図1.5　Elmanのニューラルネットワーク

ワーキングメモリを内包しているという点である．すなわち，このネットワークには入力を受け入れる入力層，出力をする出力層，そして，その中間に位置する隠れ層（中間層）のほかに，隠れ層の活動を蓄えておくワーキングメモリが備えられている．そして，新たな語が入力として与えられると，その語とともに，ワーキングメモリに蓄えられたそれまでの隠れ層の活動パタンが，隠れ層へ入力される（なお，図1.5で各層に添えられた数字はユニット数をあらわす）．

Elman は，このネットワークに入力として与えられる単語列を生成するために，つぎの句構造規則を設定した．ただし，"|" は { } の代用表現であり，RC は関係節（relative clause），PropN は固有名詞（proper noun）を表す．

(**34**)　a.　S ⟶ NP VP "."
　　　　b.　NP ⟶ PropN | N | N RC
　　　　c.　NP ⟶ V (NP)
　　　　d.　RC ⟶ *who* NP VP | *who* VP (NP)
　　　　e.　N ⟶ *boy* | *girl* | *cat* | *dog* | *boys* | *girls* | *cats* | *dogs*
　　　　f.　PropN ⟶ *John* | *Mary*
　　　　g.　V ⟶ *chase* | *feed* | *see* | *hear* | *walk* | *live* | *chases* | *feeds* | *sees* |
　　　　　　　　 hears | *walks* | *lives*

　　　Additional restrictions:
　　　(i) number agreement between N and V within clause, and, where
　　　　 appropriate, between head N subordinate V
　　　(ii) verb arguments:
　　　　　 chase, feed ⟶ require a direct object
　　　　　 see, hear ⟶ optionally allow a direct object
　　　　　 walk, live ⟶ preclude a direct object
　　　　　 (observed also for head/verb relations in relative clauses)

これらの句構造規則は英語の文に似たつぎのような単語列（「文」）を生成する．

(**35**)　a.　boy who chases dogs sees girls
　　　　b.　dogs see boys who cats who Mary feeds chase

Elman は，図1.5のネットワークにこれらの文を入力（input）として与えた．その際，最初は埋め込み文を含まない単文を与え，徐々に埋め込み文を含む複文を与えるようにした．また，学習途中でネットワークが誤った予測をしても，

それに対してそれが誤りであるという情報や訂正を与えることはしない．いわゆる教師なし学習の形態である．

　Elman(1991, 1993)では，上述の構造を持ったニューラルネットワークにこのような順序で入力を与え，新規の語系列の提示に対して，つぎに生起する語の予測ができるよう学習をさせるという課題を試みたところ，ネットワークはその学習に成功したと報告されている(Elman 1991, 1993 のより詳細な紹介は，第11巻第2章を参照)．

　Elman のネットワークの検討に入る前に触れておかなくてはならない点がある．一つは，入力語列に対してなんら制約を加えず，最初期から複雑な構造をもった文を与えた場合には学習は成功しなかったという点である．さらに，ワーキングメモリの容量に対してもなんら制約を加えないと学習は成功しない．成功のためにはワーキングメモリの容量を徐々に増加していく必要がある．

　Elman(1991, 1993)や Elman et al. (1996)は，上述のネットワークによる語系列予測学習の成功をもとにつぎの主張を行っている．

　このネットワークの初期状態には言語特有の構造はいっさい組み込まれていない．にもかかわらず，このネットワークは語系列予測学習に成功した．とくに，言語にとって本質的とされている隣接しない要素間の依存関係(長距離依存関係, long-distance dependency)を正しく予測できるようになった点は重要である．この実験結果は，言語という領域に固有な生得的構造(普遍文法)の必要性を主張する生成文法の立場に強い疑念を投げ掛けるものである．

　たしかに，長距離依存関係は(自然)言語の文の持つ重要な特徴の一つであり，Chomsky(1957)はこの長距離依存関係を正しく捉えることのできない有限状態文法(finite-state grammar)は自然言語のモデルとしては妥当でないことを明らかにしたのである(第6巻第1章および同巻用語解説参照)．Elman は，本質的に有限状態文法であるニューラルネットワークにワーキングメモリを付け加えることによって，Chomsky のこの批判を回避しようと試みたと考えることができる．

　Chomsky の有限状態文法批判に関して，ここでもう一度確認しておかなくてはいけない点がある．それは，長距離依存関係といったとき，依存関係にある二つの要素の間には介在する構造に原理的な制限はないという点である．たとえば，(36)において，boy と is の間に数の一致(number agreement)という

依存関係が存在する．事実，その依存関係を破った(37)は非文法的である．

(36) The boy is smart.

(37) *The boy are smart.

(36)においては boy と is は隣接しているが，(38)のように埋め込み文(下線部)が一つ介在する場合もある．

(38) The boy <u>who the girls love</u> is smart.

さらに，(39)のように boy と is の間に埋め込み文(下線部)が二つ介在することもできる．

(39) The boy <u>who the girls who the man hates love</u> is smart.

そして，boy と is の間に介在する埋め込み文の数に上限はない．

さて，Elman のネットワークに戻ろう．たしかに，それは長距離依存関係を含んだ文のいくつかを取り扱うことができる．しかし，それはそのネットワークが長距離依存関係そのものを取り扱うことができるということを示しているのではない．

Elman のネットワークが語系列予測学習を達成したのは，あくまで入力として与えられた文の限りにおいてであることに注意しなくてはならない．上の例にあてはめて言えば，入力として与えられた文に示された依存関係は上限埋め込み度数2までが介在する場合であれば，ネットワークは埋め込み度数2までが介在する依存関係を含んだ文の語系列予測はできるが，埋め込み度数3以上の文については予測することができない．

このような批判に対して，つぎのような反論が考えられる．通常の言語運用の場面で用いられる長距離依存関係はせいぜい介在する埋め込み度数2程度のものであり，それ以上の埋め込み度数を含んだ文を使う頻度はゼロに等しい．事実，埋め込み度数3以上の構造が介在する長距離依存関係を含んだ文の理解がきわめて困難であることはよく知られている．したがって，通常の言語運用の場面で用いられる埋め込み度数上限2までが介在する長距離依存関係を含んだ文を入力として与えることは現実の言語獲得の状況と一致するし，その結果，埋め込み度数上限2までが介在する長距離依存関係は捉えられるが，埋め込み度数3以上が介在する長距離依存関係は捉えることができないという結果も現実の言語運用の状況と一致する．

この反論は妥当とはいえない．なぜならば，われわれの文法は介在する埋め

込み度数3以上の長距離依存関係を含む文(たとえば，(39))も正しく捉えることができるからである．もちろん，その場合，一度耳にしただけではその構造を正しく把握することは困難であろう．紙と鉛筆の助けを借りて，はじめて納得がいく場合が一般的であろう．その意味で，その理解の過程は埋め込み度数2までの長距離依存関係を含む文(たとえば，(36)や(38))の理解の過程とは質が異なっているかもしれない．しかし，それはここでの議論とは無関係である．大切なことは，どのような理解の過程を経るにせよ(英語の)文法を内蔵する話者であれば，だれでも一致して，boyとisの間の依存関係(および，それ以外の文構造)を正しく捉えることができるという点である．それを可能にしているものは何か．それは文法(この例の場合には，英文法)以外のなにものでもない．

さらに重要なのは，Elmanのネットワークは長距離依存関係を含んだ文を間に介在する埋め込み度数が入力文に示された上限埋め込み度数まで取り扱うことができるという言い方は正確ではないという点である．Elmanのネットワークは埋め込み文(はおろか，文構造は一切)を埋め込み文として取り扱うことはしていない．単に，語の系列(線的順序)のみを計算して，そこに見られる構造的規則性を捉えているように見せかけているのにすぎないのである．したがって，埋め込み度数2までの文の構造が扱えるようになれば，それを埋め込み度数3以上の文の構造に般化する(generalize)機構を考えるのは容易であるという主張も受け入れられない．

このように，領域固有な属性を含んだ言語の生得構造(普遍文法)に対する代案として提出されたElmanのネットワークは文法のモデルとしての妥当性を欠き，また，その学習の過程は言語獲得のモデルとしての妥当性を欠くと言わざるを得ない．なお，Elmanのネットワークに対する優れた批判としては波多野(1998)がある．

では，Elmanのネットワークは言語獲得はまったく無縁の，価値のないものなのであろうか．筆者は，この問いに対し，否と答える．たしかに，それは言語獲得のモデルとしては妥当性を欠くが，言語獲得を立ち上げるための**機構**，いわゆる**ブートストラップ**(bootstrapping)**機構**の一部として再解釈することができると考える．

ブートストラップとは，コンピュータの用語からの転用である．起動すべき

1.7 Elman らのネットワークモデルの妥当性

プログラムが大きく，複雑である場合，一気にそれを起動するのではなく，小さな，予備的なプログラムを起動させる．それは，あくまで，本来起動させたいプログラムを起動させるための予備的なものであるから，いったん，本来起動させたいプログラムが起動するとその役割を終える．このブートストラップという考え方を言語獲得との関連で導入したのは，Pinker(1984)である．

たとえば，語が統語範疇に分類されること，および，その統語範疇として名詞と動詞があるということが普遍文法によって規定されていても，それだけでは，たとえば，「本」が名詞であり，「走る」が動詞であるということは決定できない．ある語が名詞や動詞に属するか否かはそれが生起する構造的環境を見れば決定できることであるが，言語獲得の最初期にあっては，そもそもその構造が決定されていない．そのためには，少なくともいくつかの語についてそれが属する統語範疇が決定されていなくてはならないからである．かくして，このままの状態では言語獲得が起動できないということになる．Pinker は，この問題に関連して，言語獲得装置の中に統語範疇決定のための**意味にもとづくブートストラップ**(semantic bootstrapping)の機構が用意されていると考えた．たとえば，名詞には「人ないしは物をあらわす語が属する統語範疇」，動詞には「動作をあらわす語が属する統語範疇」といった意味にもとづいた定義が与えられている．それにもとづいて，子どもは「本」に名詞，「走る」に動詞という範疇を付与する．

もちろん，そうした意味にもとづいた定義が問題なく機能できる範囲は限定されている．たとえば，いま見た定義では，たとえば，「建設」に名詞を，「留まる」に動詞を付与することはできない．つまり，意味による統語範疇の定義は言語獲得本来の機構としては不都合なのである．それは言語獲得最初期に言語獲得本来のプログラムを起動させるための予備プログラムにすぎない．したがって，ある程度の語に統語範疇を付与し終えると，それはその役割を終えるのである．あとは，すでに統語範疇を付与された語と句構造に関する普遍文法の原理を利用することによって言語獲得が進んでいくことになる．これがブートストラップの考え方の大筋である．

なお，Pinker(1984)は統語範疇だけでなく，文法関係，階層構造関係など広い範囲の文法範疇に同様の意味にもとづいた定義が用意されていると考えている．ここでは，その妥当性の検討には立ち入らない．また，Gleitman(1990)

などは，形式的特徴にもとづいたブートストラップ(syntactic bootstrapping)の機構を提案しているが，それについてもここでは立ち入らない．

　すでに見たように，ヒトに生得的であると考えられる普遍文法は経験との照合によってその値を設定するパラメータを含んでいると考えられる．たとえば，文法の獲得にあたって，子どもは句内(正確には，Xバーレベル)における主要部と補部の左右関係(線的順序)を決定しなくてはならない．主要部–補部の順も，補部–主要部の順も普遍文法によって許容されているからである．動詞句内で主要部である動詞とその補部である直接目的語の左右関係がその一例である．

　すなわち，Xバーの原理にしたがった階層をなす句構造を経験と照合しながら構築する際には，要素の左右関係を考慮する必要が出てくる．Elmanのネットワークが行う系列学習はこのような左右関係の学習の基盤をなすものと考えることができる．ただし，すでにあきらかなように，その系列学習には単に単語の左右関係だけでなく，より抽象的な，そして，言語に固有な階層概念が関与するので，領域固有な普遍文法を仮定しなくても言語獲得が可能であるというElmanらの基本的主張はその根拠を失う．

　言語はこころを探るためのもっとも有効な窓の一つであると言われる．その理由はさまざまであるが，言語がヒトに固有であり，かつ，均一的であることがその重要な理由である．生成文法に代表される現代の言語理論は言語獲得という事実にその経験的基盤を求め，言語の普遍性と許容される個別性を生得的な言語機能の反映と捉えることによって，言語理論研究をこころの本質を探る認知科学の中核として位置づけた．

　冒頭の「本章の課題」で述べたとおり，日本における生成文法研究においては，さまざまな理由から，生成文法の言語分析に主たる関心が集まって，生成文法が本来目指している言語獲得の説明に関連した議論はないがしろにされる傾向が強い．そのような事態からの脱却を目指すべく企画された本巻では，本章に続く第2章で言語獲得を，そして，第3章で言語喪失を取り上げる．さらに，第4章では，機械による言語獲得の試みを取り上げ，それが人間の言語獲得についてどのような示唆を与えうるかを検討する．

第 1 章のまとめ

1.1　言語の普遍性に対する関心は古くから存在するが，生成文法ではその普遍性を言語の生得性との関連で位置づけている点に際立った特徴がある．

1.2　言語の普遍性/生得性と領域固有性に関する省察は，こころの構造と機能を明らかにすることをその目標とする認知科学にとってきわめて重要である．

1.3　言語獲得は生得的な言語獲得装置(普遍文法と言語獲得原理)と経験の相互作用にほかならない．

1.4　言語は種に固有であり，種に均一的である．

1.5　言語獲得の初期状態における言語の領域固有性を認めない Elman のネットワークは文法獲得のモデルとしての妥当性を欠く．しかし，それを言語獲得の最初期に機能するブートストラップの機構と再解釈することができる．

2
言語獲得と普遍文法

【本章の課題】

　第1章では普遍文法および言語獲得について基盤となる考え方が提示された．それに基づき本章では，言語獲得の途上にある子どもの言語知識（文法）と言語獲得を達成した大人の文法との対応関係を理論と実証の両側面から考察する．人間の言語知識のどの部分が生得的・普遍的であるのか，また，言語経験を通して獲得されるのはどの部分であるのかを明らかにし，言語獲得に関する「論理的」問題と「発達的」問題の両者に妥当な答えを与え得る言語獲得理論とはどのようなものでなければならないかを検討する．

　言語獲得に関する「論理的」問題は主に，2.1節で考察する．言語獲得装置の中核となる普遍文法の内部構成の定め方に焦点をあてて検討する．言語獲得に関する「発達的」問題は，主に2.2節と2.3節で考察する．獲得過程の最初期の段階に焦点をあて，言語音がどのように獲得されるのか，語で表わされる可能な意味がどのように獲得されるのか，またさらに，どのようにして音声形と意味が結びつけられ語が獲得されるのかに関するさまざまな知見を検討する．文の構造と意味の獲得も重要な問題であるが，紙数の制約で十分に検討する余裕がないので，「論理的」問題を考察する際に，興味深いと思われる知見について言及する．

　言語獲得過程に係わる問題は多岐にわたり言語の特性の全般が射程となるので，本章の記述・説明においては，本シリーズ第2巻『音声』第2章，第3巻『単語と辞書』第1章，第4巻『意味』第4章，第6巻『生成文法』，第11巻『言語科学と関連領域』第1章で紹介されている基本概念や理論を前提とすることが多い．それらに目を通したうえで本章を読んでいただければ理解が深まると思われる．

2.1 言語獲得研究と生成文法理論

　生成文法理論の目標は，人間の精神・脳に実在する言語機能の特性を解明することである．言語機能にはその内部に(少なくとも)二つの下位部門があると考えられている．ひとつは言語機能の中核をなし言語に関する情報を貯えている認知体系であり，もうひとつは認知体系によって与えられる情報を利用しそれを様々な仕方で使用する運用体系である．(運用体系に関しては，その内部構造がまだ解明されていない部分もある．認知体系にアクセスしている運用体系の少なくとも一部分は言語に固有な特性を有していると考えられている(Chomsky 1995, 1998a, 1998b))．認知体系は成育時の言語環境によって変異するのに対して，運用体系はそのような言語環境によって変異しないと考えられている．

　言語獲得という観点から言語機能をとらえると，生得的に備わった言語機能は，誕生直後は**初期状態**(initial state) S_0 にあり，言語環境に触れるに従って $S_1, S_2, \cdots$ と徐々に変化し，**最終状態**(final state)ないし**安定状態**(steady state) S_f に到達する．このような獲得過程 $(S_0, S_1, \cdots, S_i, \cdots, S_\mathrm{f})$ において，S_0 は**普遍文法**(universal grammar, UG)，S_f は**個別文法**(大人の文法)と呼ばれる．生成文法理論では，N. Chomsky をはじめとして獲得された個別文法間の**通言語的変異**(cross-linguistic variation)を普遍文法と言語経験の相互作用の帰結としてとらえ得るように普遍文法の内部構成を定めるさまざまな試みがなされてきた．そのような試みは同時に言語獲得の理論的問題を解明することになるとも考えられてきた．

　普遍文法の(理論的)研究成果が妥当な言語獲得理論の構築に重要な貢献をなすことは言うまでもないことである．言語獲得理論の構築においては，現実の時間軸上に沿った**言語発達**(the course of development)をも説明し得ることが基本的な課題となる(言語獲得理論は本巻 4.1 節(c)で言及されている．Pinker (1979)の人間の言語学習モデルを評価する六つの基準を満たすようなものでなければならない)．言語獲得理論は，なぜ，いつ，どのようにして獲得が進行するのか，その具体的なメカニズムを解明しなければならない．獲得が進行するということを，現段階の文法に合致せず処理されない(産出ないし理解され

ない)言語資料が，次の段階の文法では処理されるようになることであると想定すると，子どもが言語資料のどのような特徴に注目して，現段階の文法のどの部分にどの程度の修正を加え(修正としては，新しい規則の追加，既習の規則の統合，一般化，特殊化，消滅などいろいろな可能性が考えられるが)，次の段階の文法に移行するのかが具体的な問題となる．この場合，図2.1に示されるように，獲得すべき大人の文法(標的) T と獲得の各段階の文法(子どもの仮説) H との関係は，Pinker が指摘するように理論的には四つの場合があり得る．

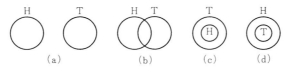

図2.1 子どもの仮説と獲得すべき大人の文法との関係

これまでの多くの研究で，直接否定証拠は子どもにとって利用可能でないことが指摘されている(McNeill 1966)．

(1) 子ども: Nobody don't like me.
母: No, say "Nobody likes me."
子ども: Nobody don't like me.
［このような対話が8回くり返される］
母: Now listen carefully, say "NOBODY LIKES ME."
子ども: Oh! Nobody don't likeS me.

言語獲得は主に**肯定証拠**(positive evidence)に基づき，子どもは現段階の文法を大幅に修正することはなく，最小限の修正を積み重ねて達成されることが明らかにされている(Pinker 1984, 1989)．図2.1(a)では，TとHがまったく交差しない．(b)ではTとHが一部分交差する．(c)のHはTに包含される．このような三つの関係にある場合には，肯定証拠に基づいて文法の修正は可能である．(d)のようにHがTを包含する関係になった場合には，何らかの否定的情報が得られなければ文法の修正は可能とはならない(例えば1.3節(a)の間接的否定証拠を参照)．

このように，言語獲得理論では，獲得過程の初期状態と安定状態を規定するだけでなく，その中間段階の諸相を明らかにし，普遍文法と経験の相互作用お

よび言語機能と他の認知体系の相互作用の解明により，段階移行に課される制約や段階移行の**引き金**(trigger)に関与する要因などを規定しなければならない．

以下では，生成文法理論で提案された言語獲得モデルを紹介し，まず，その中核をなす普遍文法が，理論の進展にともないどのようにその内部構成が定められてきたかを概観する．次に，現在，**原理とパラメータ**(principles and parameters，P＆P)**のアプローチ**によって普遍文法はその内部構成が定められているが，P＆Pアプローチに基づく言語獲得理論で発達の問題がどのように説明され得るかを概観する．さらに，最適性理論や動的文法理論などに言及しながら，普遍文法の内部構成の定め方に関しては，現在提案されているP＆Pアプローチ以外にも今後検討されるべき多くの可能性があることを指摘する．最後に，言語獲得理論の構築や検証に重要な役割を果たす子どもの脳内の各種の言語知識を，可能な限り正しく引き出すための方法論について概観する．

(a) 生成文法理論と言語獲得モデル

1.3節で述べられているように，言語獲得のメカニズムを解明するには，その入力と出力に関する理解が必要となる．**入力**とは，子どもが生後，外界から取り込む情報(経験，一次言語資料)であり，**出力**とは獲得される各個別言語の大人の文法である．言語獲得過程で子どもが取り込む言語経験は個人により異なり，量的にも質的にも均一であるとは言えない(このことは**刺激の貧困**と呼ばれる)．一方，同一言語共同体内で獲得される大人の文法は本質的には同質となり，経験から帰納的に得ることはできない特性をも示す抽象的な体系である．

生成文法理論では，このように入力と出力の間に大きな隔りがあるにもかかわらず，言語獲得が可能であるのはなぜかという問い(言語獲得に関する**プラトンの問題**)を解明・探究すべき中心課題としてとらえ，人間は経験を入力として各個別言語の文法を出力とする**言語獲得装置**(language acquisition device)を生得的に脳に内蔵しているという言語獲得のモデルを提示している．このモデルによれば，言語獲得装置は獲得可能な文法の類を限定する普遍文法をその中核とし，外界からの言語経験を取り込み解析する言語処理機構や，それらと普遍文法との相互作用を規定する言語獲得の原理からなると仮定されている(具体的な提案例としては，梶田(1977–1981: (34))で言及されているKelly(1967)のモデルや，Goodlook(1991: 151)で提示されているモデル参照)．普

遍文法は，刺激の貧困にもかかわらず言語獲得が可能であることが説明できる程度に豊かな内容を持つと同時に，人間の言語であるならばどの言語であっても獲得可能であることが説明できる程度に抽象的な体系をなしていなければならない．すなわち，普遍文法は自然言語の可能な文法をすべて，そしてそれのみを規定し（**記述的妥当性**を満たし），それと同時に可能な文法はすべて，そしてそれのみが獲得可能であるように規定する（**説明的妥当性**を満たす）ものでなければならない．

　現実の言語獲得は時間軸に沿って進行するが，Chomsky (1965, 1975, 1981, 1986, 1995) は，時間軸を捨象して，言語獲得装置には入力としては言語経験の総和が一括して取り込まれると仮定し，言語獲得装置からは瞬時に大人の各個別言語の文法が出力として得られるという言語獲得を理想化した**瞬時的** (instantaneous) **モデル**を提案し，獲得可能な文法の類を狭く限定し得る普遍文法の構築を試みている．

　生成文法理論では，1960年代〜1970年代には文法を「規則の体系」としてとらえ，普遍文法は可能な規則類の形式や適用方式を規定するものと考えられた．しかし，これだけの規定では，個別言語の言語資料（経験）に合致し，可能な規則の形式を満たすものであればどのような句構造規則でも変形規則でも許容されてしまう．当該言語の文法として記述的に妥当な文法が複数許される可能性が生じてしまうので，獲得されるべき文法がひとつに定まるように言語獲得装置に**文法評価の尺度** (evaluation measure，例えば，規則の記述に含まれる記号の数が少なければ少ないほど文法は高く評価されるという簡潔性の尺度）が備わっていると仮定された．

　初期の生成文法理論では，主に英語を研究対象として普遍文法の構築が試みられた．英語以外の言語の研究が進み，多様な言語間変異が明らかにされ，多くの知見が累積されるのにともない，記述的妥当性を達成するために普遍文法で許容される規則類の可能な形式を内容豊かなものにする必要が生じた．そしてこのことは獲得可能な文法の類を狭く限定する試みと相対立するような状況を作り出すことになった．このような状況は**記述的妥当性と説明的妥当性の緊張関係**と呼ばれた．1980年代に入り，この緊張関係を解消するものとして展開されたP&Pアプローチでは，普遍文法はパラメータを含む有限個の原理からなる体系とされた．これは，（獲得の初期状態に対応する）普遍文法を獲得が達

成された安定状態の鋳型とみなすものであり，各個別言語の中核部に共通する特性を不変部とし，相違する特性を可変部とする抽象的な原理体系を設定し，可能な人間の言語の文法があらかじめすべてそれに内包されるように規定したものである．このような普遍文法を中核とする言語獲得装置は，入力としてどのような言語の資料を与えられても出力として記述的に妥当な個別文法をひとつだけ定めることが可能となり，文法評価の尺度は不要となった．

　P＆Pアプローチでは，言語獲得は経験に基づいて各原理に埋め込まれたパラメータ値を固定する過程 (parameter-setting) とみなされる．なお，個別言語のすべては原理の体系に還元され得ない(パラメータは文法の中核部のみを決定する)ので，例えば，語彙項目に特有な特性は個々に当該言語の資料から習得されなければならない(Williams 1987: xi–xiv 参照)．

　どの言語の句構造についても，基本的には階層構造に関しては(句は主要部の投射であるという)共通特性がみられるが，主要部と非主要部の線形順序に関しては言語間変異がみられる．P＆Pアプローチによる普遍文法では，「主要部と補部」，「主要部と付加詞」，「主要部と指定部」の順序関係が未指定のままでパラメータとなっているXバー理論によって各言語の句構造が規定される(第6巻3.7節(d)，第11巻4.1節(b)参照)．これらのパラメータは主要部について「先端(initial)か終端(final)か」(または「＋先端」，「－先端」)という2価の値を持つと規定されている．例えば，「主要部と補部」のパラメータでは，英語を獲得する子どもは先端という値を選択し，日本語を獲得する子どもは終端という値を選択する．Xバー理論は範疇に横断的に定式化されているので，子どもが当該言語の資料に基づいて，あるひとつの句の主要部の位置を，「主要部と補部」のパラメータのいずれかの値を選択することによって定めてしまうと，他の句については言語資料にふれなくても(経験を経ることなく)自動的に主要部の位置が定められる．言語獲得過程においては，語順に関する間違いがほとんどみられないことが知られている．また，2語期の段階(two-word stage)ですでに当該言語の語順に合致した発話(例えば，"see baby"，"I sit"，"our car")が観察されることや，本節(d)で後述するように1語期の段階(one-word stage)であっても当該言語の語順が理解されるという実験報告は，ほんのわずかな経験で「主要部と補部」パラメータというような基本的なパラメータの値が定められることを示すものである．

(b) 原理とパラメータのアプローチと言語獲得理論

P&Pアプローチによる普遍文法に基づく言語獲得理論が「発達」の問題をも説明し得る言語獲得理論として機能するためには，一定の経験が与えられたときにパラメータの値をどのようにして定めるかを規定する仕組が言語獲得装置の中の言語獲得の原理として定められている必要がある．パラメータの値は基本的には2価であることが多い．多価となることも論理的には可能であり，ある個別言語の資料に合致するパラメータの値が複数ある場合には，経験だけからはひとつの値に定めることができず，いずれの値を選択すべきかという問題が生じ得る．

このような状況は，あるひとつのパラメータについてその複数の値によって定められる言語間に包含関係が成り立つ場合（ひとつの値で定まる言語が別の値で定まる言語と部分集合の関係となる．図2.1(c)に該当）に生ずる．獲得過程のある段階で子どもが部分集合に対応する値を選択し，実際には獲得すべき言語がその上位集合を定める値に対応する場合，上位集合にのみ存在する肯定証拠に基づきパラメータの値を**再固定**(resetting)することは可能である．一方，もし子どもが上位集合に対応する値を選択し，獲得すべき言語がその部分集合を定める値に対応する場合（図2.1(d)に該当），上位集合にのみ属する非文という否定証拠に基づかなければパラメータの値の再設定は不可能となる（上述したように，否定証拠は利用可能ではないので，正しい文法に到達し得ない）．ひとつの値で定まる言語が別の値で定まる言語と交差関係にならない場合（図2.1(a)に該当）や，一部のみ交差関係となる場合（図2.1(b)に該当）には，必ず一方の言語にだけ含まれて他方の言語には含まれない肯定証拠が存在するので，肯定証拠にのみ基づいて当該言語が獲得可能となる．

このような過剰一般化と否定証拠欠如に関する問題を解決するために，包含関係にある言語（文法）を定めるパラメータの値を獲得する仕組として，Berwick(1985)は部分集合の原理を提示したが，Wexler & Manzini(1987)，Manzini & Wexler(1987)はそれをさらに一般化して，以下の(2), (4)のような言語獲得の原理と(3)のようなパラメータに関する制約（P&Pアプローチによる普遍文法の内部構成に関するメタ理論的制約）を提案した．

(2) 部分集合の原理(subset principle)
部分集合の条件(3)が満たされている場合には，言語資料に合致するパラメータの値の中で最も小さな言語を生成する値が選択される．

(3) 部分集合の条件
あるパラメータの取り得る値のうち，任意の二つの値について当該パラメータの各値を固定した際，生成される二つの言語の間に一方が他方の部分集合となる関係が存在する．

(4) 独立の原理(independence principle)
あるパラメータをその取り得る各値に固定した際に生成される言語間の包含関係は，他のパラメータがどのような値に固定されるかによっては影響を受けない．

(4)の原理は(2)の原理が有効に機能することを保証するものである．(2)の原理は，パラメータの初期値(デフォールト値，経験に先だってあらかじめ固定されている値)は獲得すべき言語に対して最小の言語を生成するもとと考える可能性を持たらした．これはパラメータ値に関する一種の**有標性**(markedness)**の原理**と言える(Berwick 1985: 236; Chomsky 1986: 146 参照)．子どもは，初期値で定められた言語に含まれない言語資料を経験しない限り，そのパラメータ値を変更する必要はなくそのまま初期値を保持すればよいので，原理(2)はパラメータの**無標**(unmarked)の値を予測することになる．

Wexler と Manzini は部分集合の原理によって説明される事例として，束縛理論の統率範疇に関するパラメータと適正先行詞に関するパラメータを指摘し，二つのパラメータのそれぞれの値に包含関係が成立し，原理(4)により二つのパラメータの値は互いに独立に定められることを示している(具体例については第 11 巻 4.1 節(b)参照．Wexler と Manzini の分析の問題については，例えば大津(1989), Hermon(1994)など参照)．

部分集合の原理が機能するためには，原理に含まれるパラメータが部分集合の条件を満たすことが前提となる．言語間変異をとらえる原理に埋め込まれたパラメータ値がすべてこの部分集合の条件を満たすとは言えないので，パラメータの値を定める仕組については，他の可能性も検討されている．1.3 節(a)で紹介されている Hyams(1986)の提案する(5)の同形の原理も，パラメータの初期値を定める有標性の理論といえる．

(5) 同形の原理

他の条件が等しければ，D 構造，S 構造，音声形式，論理形式のすべての表示レベルで最大限に同形の表示を与えることができる文法が最も複雑度が低い文法である．

(5)によると，パラメータの初期値としては，最も複雑度の低い文法を定める値が選択される．

Kampen(1996)は左枝条件の違反や前置詞残留の過剰生成など，オランダ語を獲得する子どもが犯す5種類の間違いの分析に基づき，子どもが音声形式表示と論理形式表示の隔りを最小にするようにパラメータの初期値を定めるという，同形の原理に類似する方略を用いる可能性を指摘している．

部分集合の原理も同形の原理も，他のパラメータの値の固定と無関係に初期値が定められると仮定しているが，多様な言語間変異を記述的に妥当にとらえるために大人の文法の研究では，個別のパラメータが数多く提案されている．(Baker(1996)はパラメータの細分化を問題とし，大パラメータ(macroparameter)と小パラメータ(microparameter)の区別を提案しているが，獲得の問題に関しては今後の研究が必要である．)パラメータの数が少しでも増えると，すべてのパラメータの値が2価だとしても獲得過程で子どもが試行しなければならない心的計算の量は飛躍的に増大し，短期記憶に対する負担が大きくなり言語獲得がむずかしくなるという問題が生じる．Chomsky(1981: 7)では個々のパラメータの値の固定が他のパラメータの値の固定に依存する(パラメータの値の間に含意関係が存在する)可能性も指摘されており，わずかな経験によって値が定まるパラメータの数が多ければ多いほどそれだけ獲得が容易となる．

パラメータに関しては，その値の定め方だけでなく値を定める資料となる引き金がどのように規定されるかも重要な問題である．Wu(1993)は，子どもが接する言語資料のごく一部分のみが引き金となり，ある言語資料が引き金となるのはその内在的特性によるのではなく，獲得過程でパラメータの値が固定されるときに，当該パラメータがどのような値であるかによってどのような言語資料が引き金となるかが定まると論じている．言語資料の長さが長いほど解析にかかわるパラメータの数が多くなると考えられるので，長い資料よりも短い資料の方が獲得過程でより早い段階の引き金となり得る．Wu は，引き金の定義を(6)のように提示し，言語資料が引き金となる順序関係が予想可能である

と論じている．

(6) ある連鎖Sがあるパラメータ P に対して引き金となるのは下記の場合であって，そのときのみである．
  i. S がパラメータの現行段階の値では解析(parse)されず，
  ii. P の値がまだ定められておらず，
  iii. a. P は解析過程で定められなければならない唯一のパラメータであって，
       b. S が解析されるように P の値を定める方法が唯一つある．

(iiia)はパラメータの値は一度に一つだけ定められるという仮説(one parameter at a time hypothesis)であり，(iiib)はひとつのパラメータに対する引き金はただひとつでなければならないという仮説(no ambiguous trigger hypothesis)である．(6)はパラメータの値が時間軸上に沿って実際に効率的に定められていくことを可能にするように引き金の定義を試みたものである(学習可能性に関する多くの研究で，引き金についてこれに類似する定義が前提とされている)．引き金の特性に関しては，1.3節で指摘されているように，その複雑さの程度として文の埋め込みの数が問題となり，Lightfoot(1989)は度数 0 の学習可能性(degree 0 learnability)を提示している．(引き金の特性の解明には，言語変化に関する研究からの知見も有益である．Lightfoot(1999)参照．)

パラメータは原理に埋め込まれていると仮定されているが，その所在がさらに狭く限定され得れば，パラメータの値を(再)固定する過程で子どもが普遍文法および経験について探索しなければならない領域をあらかじめ特定化することが可能となる．言語獲得が比較的短期間に容易に行なわれることを考慮すれば，パラメータの所在を解明することも，また，言語獲得理論にとっては重要な問題となる．言語間変異が個別言語の特徴のどの部分に端を発しているかをより深く探究することが課題となる．

Chomsky(1995)は言語間変異は，語彙(X^0 範疇)の特性に結びついており，特に機能範疇の形態的特徴に還元可能であると主張している(第 6 巻 4.3 節(a)で紹介されている機能範疇パラメータ化仮説参照)．統語獲得に関しては，言語間変異を機能範疇に帰すことが可能であっても，音韻獲得や(語の)意味獲得に関しては，その言語間変異をとらえるパラメータの所在は今後精査されるべきであろう(例えば Dresher & Kaye(1990)や Talmy(1985)参照)．Snyder(1995,

1996)は，さまざまな言語で，生産的な名詞-名詞複合語形成が可能であるか否かと，二重目的語構文や結果構文などの複合述語形成に基づく構文が可能か否かとには，図2.2のような強い相関関係がみられることを指摘している．さらに，英語の獲得過程では名詞-名詞複合語形成と複合述語形成による構文が同時期に発現するという観察に基づき，これらの事象は同一のパラメータに帰因すると主張している．このような語形成に関するパラメータがどのようなものであるかは興味深い問題を提供する．

(7) a. John painted the house red. （結果構文）
    b. Mary picked the book up. （句動詞構文）
    c. Alice sent Sue the letter. （二重目的語構文）

(8) 通言語的相関性

言　語	結果構文	生産的名詞-名詞複合語
英　　語	YES	YES
オランダ語	YES	YES
ド イ ツ語	YES	YES
フランス語	NO	NO
スペイン語	NO	NO
ロ シ ア語	NO	NO

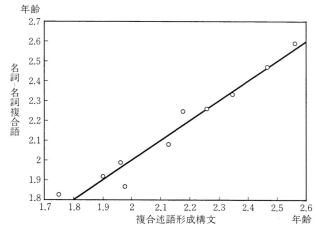

図 2.2　英語における生産的複合語形成と複合述語形成構文の獲得における相関性

2.1 言語獲得研究と生成文法理論

以上，パラメータに関する各種の理論的仮説を概観した．（パラメータに関する研究全般の概観に関しては Meisel(1995) 参照．また紙数の都合で，パラメータを固定するアルゴリズムや引き金について厳密な定義を与え，それらの妥当性を検討する学習可能性に関する研究に言及し得ないが，Gibson & Wexler (1994)，Frank & Kapur(1996)，Fodor(1998) などを参照．）

本節(a)で上述したように，P＆Pアプローチによる言語獲得装置は瞬時的モデルであるので，獲得過程で各種の言語現象に関して実際に観察される一定の発達順序を説明するのに，言語資料が言語獲得装置に取り込まれる順序の相違や中間段階の文法の性質を問題にすることはできない．束縛原理 A は，例えば英語では束縛原理 B，C よりも早く獲得されることや，形容詞的受動文(adjectival passive)にくらべ動詞的受動文(verbal passive)の獲得が遅れることなど多くの発達順序が明らかにされている．このような発達順序を説明するため，Borer & Wexler(1987) の研究をはじめとして普遍文法の原理のあるものは獲得過程のある時期まで待たないと発現しないと仮定する**成熟仮説**(maturation hypothesis)が提示されている．成熟という概念は 1.4 節(a)で述べられているように生物学的発達に基盤を置くものである．

Borer と Wexler は動詞的受動文は(項が移動した場合に項と痕跡で形成される)**項連鎖**(argument chain)を形成する能力が成熟しないと発現せず，形容詞的受動文には項連鎖が含まれないので早く発現すると論じている(項連鎖を形成する能力は一般原理ではないので，厳密に言えば，それはいくつかの原理の相互作用と考える必要がある)．この仮説が正しいとすれば，項連鎖の形成能力はすべての人間に同時期に成熟するはずなので，すべての言語で同時期に動詞的受動文が発現することが予測され，またさらにひとつの言語においても項連鎖形成がその派生に関与する構文ならば，それの構文はすべて同時期に発現することが予測される(英語の get 受動態の獲得に関する Fox & Grodzinksy (1998) 参照)．しかし，このような予測が成り立たないことが受動文の獲得研究で明らかにされている．動詞的受動文は，言語によって獲得される時期が異なる．英語では 4 歳頃(Pinker et al. 1987 では 3 歳 3 か月)，ドイツ語では 5 歳，ヘブライ語では 8 歳と比較的遅い段階で，セソト語(Sesoto)では 2 歳 8 か月((9)参照)，イヌクティトット語(Inuktitut)では 2 歳((10)参照)と早い段階で獲得されると報告されている．セソト語においては，形容詞的受動文は存在

せず，イヌクティトット語では形容詞受動文は動詞的受動文と同じように項連鎖形成によって派生される．

(9)　　　　　Na　ke-kut-uo-e　　（2歳8か月の発話）
　　逐語訳　pn　sm-cut.hair/prf-PASS-m
　　英語訳　As　for me, I've been given a hair-cut.

(10)　ataata-mut taku-jau-tsa-ruar-mat　（2歳0か月11日の発話）
　　　father-ALLsg see-PASS-really-might-CAUS. 3sS
　　　It might be seen by father.

英語，ドイツ語，ヘブライ語にくらべて，セソト語やイヌクティトット語ではなぜ2歳代の早い段階で動詞的受動文が獲得されるのかは興味深い問題である．両言語ともに大人の発話および大人が子どもに話しかける発話において，受動文の使用頻度が他の三つの言語にくらべて高いことが観察されており，子どもが受動文に触れる機会が多いといえる．より重要な問題は，この両言語にみられるどのような言語的特徴が受動文の頻度を高くしているかということである．Demuth(1989)によれば，セソト語には主語は旧情報を担っていなければならないという話題化主語制約(topical subject constraint)があり，wh句は主語の位置には生起できない．セソト語では，主語が疑問化された場合，受動文を使用しなければならない．

(11)　　a.*Mang o-pheh-ile lijo?
　　　　　who　sm-cook-prf food
　　　　　Who cooked the food?
　　　b. Lijo li-pheh-il-o-e　　　ke mang?
　　　　　food sm–cook–prf–PASS–m by who
　　　　　The food was cooked by who?

セソト語を獲得する子どもがこの話題化主語制約に初期の段階から従っているとすれば，wh疑問文はどの言語でもかなり早くから発達するものであり，セソト語ではこのwh疑問文の獲得は受動文の早期獲得に寄与すると考えられる．

Allen & Crago(1993, 1996)によれば，イヌクティトット語では屈折体系が非常に複雑で，能動文の2項動詞には主語と目的語の両方に関して一致情報が屈折形として形態的に実現されなければならず，屈折の可能性は900に近い．受動文は1項動詞となり，屈折形は主語との一致情報だけを担えばよくなり，

屈折の可能性は100程度となり著しく減る．イヌクティトット語ではこの複雑な屈折体系を回避するために受動文が使用されるようである．イヌクティトット語は輯合型(polysynthetic)言語なので語形成では主要部移動が適用される．動詞の受動形もこの主要部移動で生産的に形成される．さらに，イヌクティトット語は能格言語なので，基底構造に生成される目的語名詞句は受動文でなくてもすべて主語位置に名詞句移動で移動されなければならない．これらの特徴が累加的に働き合い，イヌクティトット語では，受動文の獲得が容易となり，早い段階で獲得される．

セソト語やイヌクティトット語で受動文が早い段階で獲得されるという観察は，成熟仮説が妥当でないことを示すだけでなく，言語獲得過程においては普遍文法と経験に加え個別文法も役割を果たすことを示すものである．この知見は獲得の中間段階の文法（個別文法）が，獲得過程の最終状態に影響を与える可能性を示唆し，この点において瞬時的モデルの妥当性に疑義を提示する事例と言えよう．

最後に，「発現の差」（発達順序）を普遍文法の内部構成の帰結として捉えようとするLebeaux(1988, 1990)の提案について述べる．Lebeauxは，(12)のような一般適合原理という仮説に基づき，言語獲得を，普遍文法(UG)に内在する情報を不可視にしている要素を消去していく過程としてとらえた．不可視であることを表示する形式として丸括弧を採用し，一番外側の丸括弧から順次消去されるという規約によって発現の差を導出しようと試みている．

(12) **一般適合原理**(general congruence principle)
文法の表示のレベルは言語獲得の各段階の出力に対応するものである．

この提案によれば，(13)に示すように，獲得の各段階の文法(G_n)の原始語(V_n)を不可視にしている丸括弧が消去されると，次の段階の文法に移行することになる((13)では，V_0 は θ 理論，V_1 は主格や所有格を与える格理論，V_2 は目的格を与える格理論とされている)．

(13)　UG: $G_0(\dashrightarrow G_1(\dashrightarrow G_2)\dashrightarrow G_n)$
　　　　　　V_0　V_1　　V_2

Lebeauxによれば，$G_0, G_1, G_2, \cdots, G_n$ を内包する普遍文法UGは，(14)に示すような表示や操作からなると仮定されている．

(14)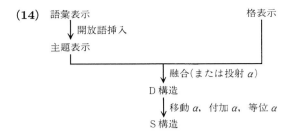

(14)では，従来 D 構造というひとつの表示でとらえられていた情報が，複数の基本的な句構造に分解されそれらが別々に下位の表示となり，融合 (merge) や付加 (adjoin) という操作により，最終的にひとつの句構造に合体し D 構造や S 構造という表示としてとらえられる．このような体系は，獲得の中間段階の言語表現に，下位表示だけでひとつの独立の表示を与えることを可能とする．

Brown (1973) をはじめとして生成文法の初期の獲得研究においては，1 語期の段階や 2 語期の段階の発話にどのような統語表示が与えられるべきかは重要なひとつの研究問題であった．(15) は，1 語期，2 語期，多語期初期，多語期後期の発話例である．

(15) a. no, gone, up, dirty, milk.
    b. all dry, I sit, boot off, see pretty, slipper doggie, throw Daddy, there book, airplane allgone, no eat, where doggie? that mine, byebye car, more cereal
    c. Mommy eat cookie, drink apple juice again, no Mommy go, there no milk, you can't fix it, why kitty sleep?
    d. you dress me up like a baby, dropped a rubber band, let me get down with the boots on, you don't have paper, I said why not you coming in?

1 語期や 2 語期の発話の多くは，表現したい意味内容の中で焦点となる要素のみが音声形式と結びついたと考えられる構造をなしており，普遍文法の X バー理論で許容されない構造 (see pretty や slipper doggie は主要部を欠く構造) が数多くみられる．

このような構造に対して，瞬時的モデルに基づき**普遍文法の連続性仮説** (continuity hypothesis) を保持し，さらに成熟仮説に依らなければ，極端な場

合，Xバー理論で与えられる構造で語彙項目を支配する節点はひとつないし二つのみで，他の残りの節点は音形を伴わないゼロ要素を支配するという表示を与えることも可能かもしれない．しかしそのようなゼロ要素を経験的に裏付けることは非常に困難であろう．Radford (1990)は英語の句構造を獲得する子どもの発話資料を調査し，2歳までの獲得段階を20か月前の前範疇化段階 (precategorial stage)，20か月前後の語彙主題構造段階 (lexical stage)，24か月前後の機能範疇発現段階 (functional stage)と規定している．Lebeauxが提案する(14)の表示体系ならびに一般適合原理(12)は，このようなRadfordの獲得段階を普遍文法から導出しようと試みたものと言える．

(14)によれば，1語期の(15a)や2語期の(15b)，多語期初期の(15c)は，(14)の語彙表示ないし主題表示に対応して語彙範疇からだけなる $[_{X(P)} (Z)[(X)(Y)]]$ という句構造表示を持つ．一方，機能範疇も生起する多語期後期の(15d)は格表示と主題表示が融合したD構造表示 $[_{XP} (ZP)[X(YP)]]$ を持ち，これはXバー理論による句構造表示に合致したものとなる(Lebeauxの理論にこれ以上立ち入る余裕はないが，Lebeauxは言語間変異をとらえるパラメータも丸括弧の表示とそれを消去する規約に還元されると仮定している)．

このように，句構造獲得の最初期の段階の文法の特徴は，一般原理のパラメータの値を固定するという単純な仮説では説明し得ない問題を提示する．この問題をもう少し一般化して検討すると，P&Pアプローチによる言語獲得理論では，大人の文法と子どもの文法の「ずれ」ないし「隔り」をどのように説明し得るかという問題となる．子どもがパラメータの値を当該言語の値に正しく固定していない段階では，当該言語に合致しない文や語が過剰生成されるが，それらは当該言語に合致しないという点で間違いとみなされる．P&Pアプローチはこの間違いが，普遍文法で許容される範囲内に限定されると主張するものである．つまり，獲得過程の子どもの文法で生成されるものは，当該言語では非適格なものであっても，他の言語では適格なものでなければならない．

英語を獲得する子どもがwh疑問文として，(16)のような文を発話することがある．(16)では，中間にある節CPの指定部の位置に文頭のCPの指定部の位置へ移動したwh句と同じwh句が生起しているが，このようなwh疑問文は英語の大人の文法では非適格な文である．しかし，大人のドイツ語の文法では，(16)に対応するような(17)のような中間の節にwh句があるwh疑問文は

適格な文である(Thornton 1990)．

(**16**)　What do you think what's in that box?
(**17**)　Wer$_i$　glaubst　du　wer$_i$　nach　Hause　geht?
　　　　Who　think　you　who　to　home　go

(16)は，普遍文法で許容される範囲内に属する文とみなされ，可能な人間の言語の特性の一部が英語を獲得する子どもの文法に顕現したものとみなされる．

大人の文法と子どもの文法の「ずれ」が，すべてこのようにパラメータの値を間違って固定した結果として説明されるならば，その点においてP&Pアプローチによる獲得理論は正しいと言える．実際には，(パラメータの値を正しく固定していても言語運用上の要因で子どもの発話が大人と異なる場合もあるが)そのようには説明できない事例がみられるので，普遍文法の内部構成をP&Pアプローチとは異なる仮説に基づいて定める可能性も検討に値する．

(c)　普遍文法の内部構成と言語獲得理論

2語期の段階の発話例である"baby milk"(例えば，the baby touches the milk という意味)や"see pretty"(例えば，I see a pretty flower という意味)では語順が英語の文法に合致しているので，この段階で一応Xバー理論の主要部と非主要部に関するパラメータの値が正しく固定されていると言えるかもしれない．しかし baby milk では動詞句の主要部である動詞が，see pretty では名詞句の主要部である名詞が欠けているので，これらの発話はXバー理論の「主要部の生起は義務的である」という条件を満たしていない．P&Pアプローチも含め，従来の生成文法理論で提示された普遍文法の原理や規則は，違反されないものあるいはそれに違反すれば非適格となるものと規定されているので，上記の発話例は問題となる．

音韻論の研究分野で Prince & Smolensky(1993)により提案され最近活発な研究が展開されている**最適性理論**(optimality theory)では，これまでの仮定に反して原理や制約は違反可能(violable)なものであると規定されている．最適性理論に関しては，第2巻2.7節で紹介されているが，言語獲得理論の中心となる普遍文法の内部構成という観点から，本節でも最適性理論を概観する．

最適性理論に基づく普遍文法は，ある入力に対して論理的に可能なすべての出力候補を生成する Gen(generator)，普遍的な制約群からなる Con (constraints)，および Gen の複数の出力候補を個別言語ごとに順序付けられた Con により評価しその中から最適 (制約群への違反が最小である) 候補を選び出す Eval (evaluation) の三つの部門からなる．最適性理論では，言語間変異は Con を構成する普遍的な制約群にどのような優先順位付けがなされているかという相違に帰される．また，言語獲得は，普遍的 (すなわち生得的) な制約に優先順位を付ける過程とみなされる．(18) は最適性理論のこのような基本理念を五つの原理として提示したものである (McCarthy & Prince 1994)．

(18) a. **普遍性** (universality)
普遍文法はすべての言語に存在する普遍的な制約群を指定する．
b. **違反可能性** (violability)
制約は違反可能であるが，その違反は「最小限」でなければならない．
c. **制約の順序付け** (ranking)
制約群は個別言語ごとに優先順位が決定される．
d. **包括性** (inclusiveness)
最適性は優先順位をつけられた制約群によってのみ決定される．
e. **並列性** (parallelism)
最適性は，同時・平行的に決定される．

(18) の規定で最も注目されるのが，違反可能性という概念である．最適性理論では，すべての制約を普遍的であると規定する一方で，言語間異変をその普遍的な制約間の優先順位の相違として捉えようとするが，すべての言語がすべての普遍的な制約に従うことは論理的に不可能であり，優先順位の高い制約に違反すれば非適格さの程度が大きくなり，優先順位の低い制約に違反しても適格となる可能性が大きいと想定することにより，最適性すなわち無標という概念をとらえようと試みている．

このように最適性理論においては，可能 (適格) か不可能 (非適格) かの区別が相対的にとらえられ，そのこと自体が同時に有標性をとらえるように理論に内在化されている．言語獲得過程において普遍的制約 (原理) に違反しているようにみえる事例が観察されても，子どもがその獲得段階でその制約を制約群の優先順位において低く順序付けているとみなすことが可能となる．また，獲得過程において子どもの言語発達に個人差がみられることも発達研究では報告さ

れているが，これも獲得過程において子どもが個々に異なる制約の順序付けを行なうことがあるとして説明することができよう．この場合，最終段階の大人の文法は同等となる（制約の順序付けが一定となる）ので，制約の再順序付け（reranking）が行なわれる可能性も考えなければならない．

　Ｐ＆Ｐアプローチに基づく言語獲得理論が有効に機能するためにはパラメータの値の(再)固定に関する仕組みを定める必要があることをみたが，最適性理論に基づく言語獲得理論についても，どのような言語の特性を普遍的制約として定式化しまた制約の(再)順序付けに関する仕組みを明示的に定める必要がある．2.3節で音韻獲得過程を概観する際に，最適性理論に基づく説明を具体的に紹介する(統語獲得に関しては例えばDickey(1995)参照)．

　1語期の段階で，例えば，赤ちゃんがベビーシッターにくすぐってもらった直後にmoreと1語発話すれば，「もう一度くすぐってほしい」と理解されよう．このように1語であってもその意味が文に相当する内容を持つような1語文は普遍文法の連続性仮説にとって問題となる．Ｐ＆Ｐアプローチを含めChomskyが提示する生成文法理論では，統語規則・原理によって生成された統語表示(理論の展開により，D構造，S構造，論理形式)に意味解釈規則が適用され意味表示が得られると仮定してきた．普遍文法を構成する統語，意味，音韻の三つの部門において生成的(generative)なのは統語部門のみであり，意味部門と音韻部門は解釈的(interpretive)とみなされ，可能な言語構造の規定に統語部門が中心的役割を担うという仮説(syntactocentrism)に基づき普遍文法の内部構成が定められている．

　Jackendoff(1990, 1997)は，**表示のモジュール性**(representational modularity)**仮説**に基づき，音韻，統語，概念(意味)の三つの部門がすべて生成的であると仮定し，言語機能(すなわち普遍文法の内部構成)は図2.3のような**三部門並列モデル**(tripartite parallel model)としてとらえられるという提案を行なっている．三つの部門はそれぞれに固有の原始語と結合規則からなる形成規則を持ち，互いに独立しているがそれぞれの形成規則で生成される表示体系が接する部分，すなわちインターフェイス(音韻・統語インターフェイスと統語・概念インターフェイス)で同時並列的に対応規則(辞書部門に相当)によって結びつけられている．音韻構造と概念構造は様々なインターフェイス(聴覚入力や声道指令，および空間表示や感情)を介し，言語機能の外側の各種の認知体系

2.1 言語獲得研究と生成文法理論

図 2.3 Jackendoff の三部門並列モデル

に結びつけられる．インターフェイスにおける対応関係は常に 1 対 1 になるとは限らず，対応規則はデフォルト規則として規定されている．

このようなモデルでは，大人の文法で統語構造を持たず，音韻構造だけを持つ語 tra-la-la や音韻構造と概念構造だけを持つ語 hello や ouch に対して，⟨PS, ∅, ∅⟩ や ⟨PS, ∅, CS⟩ という表示を与えることが可能となる．獲得過程における 1 語文は，hello と同様に音韻構造が概念構造に直接対応づけられたものとして説明可能である．more を例とすれば，概念部門では発話の文脈情報に基づき命題内容を持つような概念表示が形成され，一方，音韻部門では語の音声形がそのまま音韻表示となり，**構成性原理**(principle of composition) をゆるやかに適用した対応規則によって二つの表示が結びつけられると分析することができよう．Jackendoff は獲得の初期の段階では音韻部門と概念部門のみが存在し，その後統語部門が徐々に発達し，音韻構造と概念構造の対応が統語部門を介して間接的に対応するようになる可能性を示唆している．このような見方は，言語獲得過程で，概念構造から統語構造への対応を重視するものであり，また，図 2.3 のような内部構成を持つ普遍文法を理想化された瞬時モデルに組み込むことが妥当かどうかという疑問へと導くものである．

Jackendoff のこのような概念構造を重視する立場を妥当なものとみなす Culicover (1998) は，言語機能の本質は静的知識の体系としてとらえられるものではなく，時間軸に沿ってどのように言語が獲得されるのか，また産出や理解にはどのような機構が使用されるのかなど，現実に言語機能がどのような振る舞いを示すのかその動的過程自体が言語機能の実質を規定するものであるという仮説を提示し，普遍文法の内部構成はそれに基づいて定められる必要があると論じている．Culicover は従来提案された普遍文法を **T 理論**(trigger theory) と呼んでいる．非瞬時的立場に基づくこのような普遍文法は **A 理論**(adaptive dynamical theory) と呼ばれ，その内部構成の具体化が試みられている．

普遍文法の内部構成を非瞬時的な動的過程として規定するほうが妥当であるということは，すでに Kajita(1977, 1997)，梶田(1982–84)で提案されている**動的文法理論**(dynamic model of grammar)で理論的にも実証的にも示されている．既存の生成文法理論では，可能な文法という概念は，大人の文法(獲得の最終産物)の特徴にだけ基づいて規定され(output-oriented)，また，言語間変異はパラメータをリストする(extensional)ことによってとらえられる．これに対して，動的文法理論では，可能な文法という概念は，獲得過程の中間段階の文法の特徴に基づいて規定される(process-oriented)と提案し，言語間変異は獲得過程のひとつの段階から次の段階へ移行する過程をとらえる一般法則の帰結(intensional)として得られると主張する．(19)は，動的文法理論の骨子となる法則である(梶田 1982–1984)．(なお，(19)で規則とは言語の特徴をとらえる一般化とみなされる．)

(19) a. X という種類の規則は，任意の言語の任意の習得過程で可能である．
　　　b. もしある言語 j の習得段階 i の文法 G_i^j のなかに，Y という種類の規則が含まれているならば，同言語の次の習得段階 $i+1$ の文法 G_{i+1}^j においては，Z という種類の規則が可能である．

(19b)の法則によって得られる規則は，ある特定の言語のある特定の獲得段階以降に，はじめてその言語で可能となる規則である．従来の理論ではあるひとつの規則は可能か不可能かのいずれかに分けられなければならないが，動的文法理論では相対的に可能ということが理論の構成から許容されることになり，その点において可能な文法を狭く限定し得ることになる．また，(19b)の法則により，規則と規則の間にみられる基本的/派生的という関係も規定され，動的文法理論自体に有標性が内在化されているといえる．さらに，言語の普遍性に関しては，(19)のような動的文法理論から得られる帰結は，すべての言語において実際に実現している特徴のみが生得的に人間の脳内に実在するものであるということになる(Kajita 1997)．

個別言語によって受動文の発現時期が異なることを先にみたが，セソト語やイヌクティトット語では獲得段階の比較的早い段階の文法の特性に基づいて次の段階の文法で受動文が可能となるとみなすのが妥当であり，このような説明は動的文法理論によってのみ与えられるものである．言語の基本特性を担う統

語範疇に関しても(セイリッシュ語のように名詞と動詞という基本的な区別すら存在せず,他の言語では名詞,動詞,形容詞などに相当する語(概念)がすべてひとつの統語範疇として実現している場合を含め)多様な言語間変異がみられることが報告されており,また,2.3節で概観するように,獲得過程においては名詞の獲得が早く進む言語と動詞の獲得が早く進む言語があることも報告されている.種々の統語範疇それ自体が**実質的普遍**(substantive universal)として静的な普遍文法の中にリストとして存在し,そのリストからの選択が個別言語の範疇獲得であるという考え方では,そのような事象を説明することは困難である.動的文法理論に基づき,普遍文法の中には統語範疇を形成する規則が存在し,獲得過程で個別言語の文法の段階的移行過程で個別言語の特徴に基づきその規則を拡張していくことにより,個別言語の文法によって統語範疇が形成されると考える方が妥当であると言えよう(谷1997).

普遍文法の内部構成を動的過程とみなす可能性は,音韻獲得の研究であるJusczyk(1997: 195)や形態獲得の研究であるClark(1993: 254)でも示唆されている.

(d) 情報の引き出し方法

子どもの脳に内蔵されている各種の言語知識は直接観察可能ではない.これをどのぐらいの精度で,具体的には,言語外の要因の影響を最小限に捨象した形で引き出すことができるか,またさらに,どのぐらい年齢の低い子どもからそれを引き出すことができるかは,言語獲得研究の進展にとって重要な課題のひとつとなっている(大津1995, Crain 1991など参照).

研究の方法としては,従来より
(i) ある被験児を選び,その被験児を時間軸に沿って調査する縦断的研究
(ii) 一定の年齢層に属する被験児をいくつかのグループに分け,各年齢層のグループごとに調査する横断的研究

に二分され,さらにこの二つの方法と交差して,
(iii) 自然場面での子どもの発話を記録しそれを資料として分析する自然的研究
(iv) 各種の方法を使って発話の理解,産出を調査し,さらに発話の容認度に関する情報を引き出す実験的研究

に二分される．一般に，(iii)は(i)と結びつきやすく，(iv)は(ii)と結びつきやすい(初期の獲得研究では，前者の優れた研究事例として否定の獲得を研究したBloom(1970)が，後者の優れた研究事例として代名詞の指示や補文の主語の解釈などの獲得を研究したC.Chomsky(1969)がある)．自然発話資料のデータベース(例えばMacWhinney(1995)によるCHILDES)の蓄積により，(iii)が(ii)と結びつく研究も増加している．英語の句構造の獲得を研究したRadford(1990)，英語の助動詞および主語・助動詞倒置の獲得を研究したStromwold(1990)，また通言語的研究として語形成の獲得と複合述語を形成する構文の獲得を調査し，統語と形態の獲得の相関性を指摘したSnyder(1995, 1996)，選択的不定詞形段階(optional infinitive stage)と空主語現象の可能性を研究したWexler(1994)，Bromberg & Wexler(1995)，Phillips(1995)，Hyams(1996)など普遍文法の検証に関わる興味深い研究知見が提示されている．

1.4節(a)で言及された弱い交差現象に関する獲得研究は(iv)と(ii)によるものである．場面設定を物語と絵で提示し，場面設定との整合を判断させることにより代名詞の同一指示に関する情報を引き出している事例である．

音韻，形態，統語，意味の各部門，それら各部門間の対応に関してどのような種類の言語知識をどの年齢の子どもに対して調査するかによってどのような研究方法を用いるのが適切であるかは考慮されるべきことである．ひとつの言語事象に関していろいろな側面から情報が得られれば，普遍文法および言語獲得理論に対して貢献をなす資料としての重要度が増すことは明らかである．McDaniel et al.(eds)(1996)やCrain & Thornton(1998)が相ついで刊行されていることからも明らかなように，普遍文法の検証や言語獲得の原理の解明のために，より適切な情報引き出しの方法を考案することが抽象度を増す生成文法理論の進展にともない懸案となっているといえよう．

以下では，主に，統語および意味知識の獲得に関する最近の実験的研究のなかから興味深いものを四つとりあげ概観する．

まず，発話の理解に関する研究としてHirsh-Pasek & Golinkoff(1996)の実験方法をみる．生後14か月の子どもは1語を発するかどうかという段階にある．この段階の子どもに，言語を一切介することなく，文の構成素構造を理解できるかを調査するため視覚の固定(visual fixation)と言語の理解とに相関があると仮定し，図2.4に示すような凝視選好(preferential looking)実験が考案

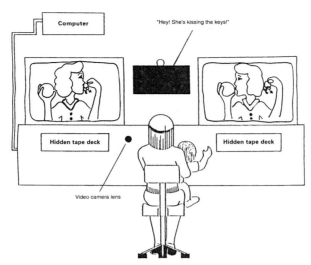

図 2.4 語順の理解を凝視選好によって調べる実験
(McDaniel et at. 1996: 109)

された．実験結果としては，14 か月の子どもでも語順に基づき文の意味を理解することができることが明らかにされた．

　図 2.4 では，母親に抱かれた子どもに，

　　Hey! She's kissing the keys.

という音声刺激を与えると同時に，二つのスクリーンを使用して，一方には女の人が鍵に kiss をしているビデオ映像 (図 2.4 左) を，もう一方には女の人がりんごに kiss をしているビデオ映像 (図 2.4 右) を提示し，子どもがどちらのスクリーンのビデオ映像を凝視するかを観察した．(なお，2.2 節では，生後 6 か月頃からの乳幼児の音の知覚能力を調査するときにこれに類似した方法が用いられることをみる．)

　従来，子どもが文をどのように理解するかを調査するには，刺激文の意味内容を描いたものを含め複数の絵を子どもに提示し，その中から刺激文に合致する絵を選択させる課題 (picture selection task) を与えることによって情報の引き出しがなされていた．図 2.5 は，C. Chomsky (1969) が 5 歳から 10 歳までの子どもが (20) のような刺激文で ask の補文の主語のコントローラをどのように同定するかを調査するときに使用されたものである．

64　2　言語獲得と普遍文法

図 2.5　補文の主語のコントローラの理解を絵の選択に
よって調べる実験
(C. Chomsky 1969: 100)

(20)　　a. The boy asked the girl what shoes to wear.
　　　　b. The girl asked the boy what to paint.

　このように比較的年齢の高い子どもからの情報の引き出しには絵の選択という課題は有効であるが，言語・認知ともに十分に発達していない1歳台から2歳の子どもからこの方法で有意義な情報を引き出すのは不可能に近い．その点で図2.4に示された実験方法は，獲得の(最)初期の段階の子どもから情報を引き出すことを可能とした．

　次に，発話の産出に関する研究をみる．Thornton (1990) は，節境界を越える長距離(long-distance) wh 移動を含む発話例が，例えば，CHILDES の Adam の3年半の発話資料を調査しても16例しか観察されず，非常にまれであることを観察した．(21)はその中の発話例である．しかし Thornton は，(22)のような産出を誘発する場面設定と導入文が子どもに与えられると，2歳10か月の段階でも長距離 wh 移動の発話例が得られることを明らかにしている．(Thornton (1990) は，長距離 wh 移動の発話の産出を誘発することにより，実際には，wanna 縮約や空範疇原理の獲得を実験によって調査し，副産物として(16)のような発話例を観察した．)

(21) a. What you think this looks like?　（3歳2か月）
　　 b. What he went to play with?　（3歳6か月）
　　 c. What d'you think I am, a can't tell boy?　（4歳0か月）

(22) 長距離 wh 移動の産出を誘発するプロトコール
　　 実験状況：子どもが Ratty に目かくしをし，実験者と子どもで各種のおもちゃを隠した後に，目かくしを取った Ratty に子どもが質問を発するように誘導し，Ratty が隠したものを推量するゲーム
　　 実験者：〈Ratty に聞こえないように低い声で子どもに〉
　　　　　　 We know where all the things are hidden, right? We know that there's a marble in the box. … Let's see if Ratty can guess where we hid them. Let's do the box first, OK? We know that there's a marble in the box, but <u>ask the rat what he thinks.</u>
　　 子ども：<u>What do you think is in the box?</u>
　　 Ratty：Can you rattle the box for me?
　　　　　　 Hum, I think that there's a marble in the box.
　　 子ども：You're right.
　　 実験者：Hey, he made a good guess. …

(22)で下線を付した発話が注目すべき部分である．実験者が子どもに誘発する質問文では，wh 疑問文の主節のみを発話し，埋め込み節を発話していない．しかし子どもは与えられた場面設定を理解し，誘発された質問文を完全な長距離 wh 疑問文の形として発話している．

　誘発による発話の産出の実験は自然発話資料を補う働きをする以外に，子どもの脳内の言語知識を推測することも可能とする．Roeper & de Villiers (1992) は，絵と物語で場面設定を提示した後，質問に答えを与える課題（questions-after-stories task）で，長距離 wh 移動と障壁の相互作用に関する子どもの知識を調査した．この課題では，障壁の有無（埋め込み節が that 節か wh 節か）により長距離 wh 移動の可能性が異なることを子どもの答えに明示的に反映するように場面設定が工夫された．答が 2 通り可能となるか 1 通りしか可能とならないかによって wh 句が障壁に阻止されずに埋め込み文から移動したかどうかが明らかとなる．

　Roeper と de Villiers は図 2.6 とともに (23) のような物語を子どもに提示し，

(a) (b) (c)

図 2.6　長距離 wh 移動と障壁との関係を調べる実験
(Roeper & de Villiers 1992: 203)

長距離 wh 疑問文を使って (24) と (25) の質問を行なった．

(23)　a. This boy loved to climb trees in the forest.
　　　b. One afternoon he slipped and fell to the ground.
　　　　He picked himself up and went home.
　　　c. That night when he had a bath, he found a big bruise on his arm. He said to his dad, "I must have hurt myself when I fell this afternoon!"

(24)　When did the boy say he hurt himself?

(25)　When did the boy say how he hurt himself?

(24) に対しては，"At night" と "That Afternoon" が可能な答えとなるが，(25) に対しては "At night" のみが可能な答えとなる．Roeper と de Villiers は3歳台の子どもでも，このような大人と同じ答えが得られ，空範疇原理に従うことを明らかにしている（なお wh 移動の獲得については，Maxfield & Plunkett (eds.) (1991) や de Villiers (eds.) (1995) 参照）．

　最後に容認可能性の判断に関する研究をみる．容認可能性は，真偽値判断課題 (truth-value judgement task) によって調査されることが多い．場面設定を絵や物語で提示し，容認可能性を調べたい文が場面設定に整合するかどうかを Yes/No 疑問文で問い，子どもから真偽の判断の情報を引き出す方法である．年齢の低い子どもにもこの課題ができるように Crain & Mckee (1986) は，場面設定に合致した文を人形に話させ，子どもがそれが正しいと思えば人形にクッキーを褒美として与え，間違っていると思えば罰としてぞうきんを与えるとい

う形で答えを得る課題(reward/punishment task)を考案した．1.4節(a)の弱交差に関する実験はこの新しく考案された課題によるものである．

Chien & Wexler(1990)は，束縛原理Bの獲得について研究を行なった．先行詞が名前の場合(図2.7(a))と先行詞が数量詞の場合(図2.7(b))について4～5歳児45人にyes/no疑問文で代名詞の束縛の可能性を質問した．先行詞が数量詞の場合にはNoという正しい判断が約90%得られるのに，名前の場合には40%程度しか得られないという実験結果を得た．ChienとWexlerは，先行詞が名前と数量詞で束縛原理Bの遵守のされかたが異なることを語用論の原理で説明する可能性を示唆している(なお，その後の研究の展開についてはCrain and Wexler(eds.)(1992)や高橋(1995)参照)．

実験的研究より得られる結果が子どもが獲得している当該言語の大人の文法と隔りがある場合，実験結果をどのように解釈したらよいかという問題が生じる．ひとつの可能性は，子どもが当該言語に合致するようにパラメータの値を

図2.7 束縛原理Bの獲得を調査する実験．子どもに与えた刺激文は以下のとおり(Chien & Wexler 1990: 272-3)
(a) This is Mama Bear; this is Goldilocks.
　　Is Mama Bear touching her?
(b) These are the bears; this is Goldilocks.
　　Is every bear touching her?

定めていない場合が考えられる．この場合，その隔りは普遍文法で可能とされる範囲内に限定されることはすでにみた．他の可能性としては，子どもが語彙的知識を十分に獲得していない場合が考えられる（これについては 2.3 節(c)で触れる）．さらに別の可能性としては，子どもがすでに当該言語の知識を獲得しているにもかかわらず，運用上の要因に影響されその知識が利用され得ないと考えられる場合である．本節の冒頭で言及した運用体系自体は言語環境によって変異しないという仮説によれば，基本的には大人と子どもの運用体系は同質ということになる．言語処理機構の性質の相違として，この隔りを説明することはできない．すでに(b)でみたように，言語獲得過程では様々な言語獲得の原理が発動される（利用される）．大人と子どもの隔りのある種のものは，これらの言語獲得の原理と運用体系の相互作用に帰因すると考えることも可能である．

Crain & Thornton (1998) はこのような可能性に該当する事例として，2 通りの (ambiguous) 解釈を持つ文で，どちらの解釈を優先させるかについて大人と子どもの答えに相違がみられる場合があると指摘した．(26)は，(27a)と(27b)の 2 通りに解釈可能である．(26)に対して大人は(27b)の解釈を優先させるが，Crain と Thornton が調査した 3 歳から 5 歳の子どもの大部分は(27a)の解釈しか許容しなかった．

(26)　The big elephant is the only one playing the guitar.

(27)　a.　The only thing playing the guitar is the big elephant.

b.　The only elephant playing the guitar is the big elephant.

(27b)では，elephant 以外の動物がギターをひく可能性は容認されるが，(27a)では big elephant 以外がギターをひく可能性は排除される（図 2.8 参照）．

Crain と Thornton は，言語獲得装置の中の言語獲得の原理である意味の部分集合の原理(28)によって，子どもが(27a)の解釈しか許容しないと論じている．

(28)　**意味の部分集合の原理**(semantic subset principle)
普遍文法の意味解釈部門が文 S に対して，A, B 2 通りの解釈を与える場合に，解釈 B よりも解釈 A のほうがより狭い範囲の状況に S を合致させる（真とする）ものならば，言語獲得過程では解釈 B よりも解釈 A のほうが早く形成される．

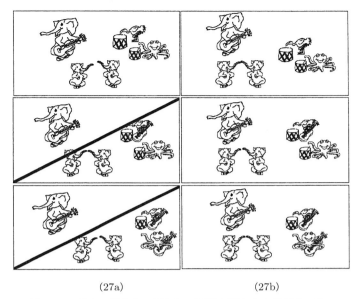

(27a)　　　　　　　　(27b)

図 **2.8**　意味の部分(27a)集合の原理を調査する実験(27b)
(Crain & Thornton 1998: 119)

(28)に従って子どもは，(26)に対して(27a)の解釈を先に形成する．その解釈が状況に合致しない(elephant以外のものもギターをひくことが可能である)場合にも(26)が使用されることを了解すると，この肯定証拠に基づいて新しい意味解釈(27b)も形成するようになる．

　一方，大人は，運用体系の一部をなす言語処理機構の中の複数の可能な意味解釈からひとつの解釈を優先的に選択する仕組みを運用上利用する傾向があると論じている．大人は，節約の原理(29)に従い，(26)に対して，(27b)の解釈を優先的に選択する．

(**29**)　**節約の原理**(principle of parsimony)

　　　ある解釈が他の解釈にくらべて満たすべき前提ないし論理的含意が少ないならば，他の妥当性の基準(criteria of plausibility)が同じならば，その解釈が聞き手によって最も妥当であるとして選択され，当該の前提は(心的)モデルに組み込まれる．

(29)は多義性を解消する**最小努力**(least effort)の**方略**といえる．この方略は，後に修正する可能性を最小にとどめるように，言語処理機構がいかなる状況に

も合致する解釈(あるいは談話の表示)を優先させるように機能することをとらえたものである．

　Crain と Thornton の提案の妥当性は，今後検討される必要がある．(28)の意味の部分集合の原理については，より狭い範囲の状況に合致するという情報を子どもがどのようにして得るのかを明らかにする必要がある．獲得過程の中間段階の文法とその段階の認知機構能力の相互作用を解明する必要があろう．(なお数量詞の獲得に関しても意味の部分集合の原理が関与していると Philip (1995)が指摘したが，Crain et al.(1996)によって実験方法などの問題が指摘されている．)

2.2　音声の獲得

　新生児は多様な音に囲まれている．人の話す声，テレビから流れる名曲の調べ，窓の外を走る車の音，お風呂のお湯がはねる音，庭で犬がほえる声など，人間の世界は，あらゆる物音が混じり合って混沌としている．新生児は生後すぐにこの混沌の中から人間の言語音を抽出し，さらに，1歳に達する頃までには母語の音声・音韻体系を獲得することが多くの研究で明らかにされている (Macken 1995; Menn and Stoel-Gammon 1995; Vihman 1996; Macneilage 1997; Jusczyk 1997; Bernhardt & Stemberger(eds.)1998 など参照)．人の声帯が発する音には，話し手の声の音色や相対的な高さや強さ，話す速度，発音の明瞭さなど多様な音響的変異が反映する．聞き手はそのような個人的・表層的な相違を無視(捨象)し，言語的に有意な(示差的)音声情報を抽出し，言語音として知覚し得る．以下に概観するさまざまな研究から明らかなように，人間には新生児の段階からそのような能力の発現がみられ，生得的な音処理機構がそなわっているようである．

　発話は音の連続体をなしており，聴覚情報としては
　　　Youcanplaywithmybigdog
というように語境界は存在しないが，人間は，知覚情報としては
　　　You can play with my big dog
というように単語に分節して理解し得る(実際には，より多くの抽象的言語情報をこの音連続体から抽出している)．新生児はいつどのようにして，物理的

に連続する音声の流れのなかから，分節音(segment)や韻律(prosody)という言語音の基本単位を同定しながら母語にみられる(音韻的)示差的特徴を抽出し，母語の音声・音韻体系を獲得していくのだろうか．新生児は生得的音韻知識として，弁別素性やモーラ，音節，フットなどの概念を脳内に持っていても，経験を通して，(自分が獲得的すべき)母語ではどのような音や音の結合が可能であるかを決定していかなければならない(モーラ，フットなどについては第2巻第2章参照)．これまでの研究によれば，新生児は，生後4日で，母語とそれ以外の言語の区別を知覚することができ，生後1か月から2か月の段階では，自然言語にみられるほぼすべての音の示差的特徴を区別して(母語にみられない対比を含めて)知覚することができる．しかし生後6か月を過ぎ9か月頃になると母語にみられる示差的特徴しか知覚することができなくなり，母語に向かって獲得が進みはじめることが実証されている．

　初語(first word)は1歳前後で発現する．それ以前に新生児は，生後2か月の段階では泣く(crying)だけでなく，**クーイング**(cooing)と呼ばれる泣き声とは異なる音声を出しはじめ，生後7か月前からは，「a：a：a：…」や「da・da・da…」というように同一の母音(V)ないし子音と母音(CV)のくり返しである**規範的喃語**(canonical babbling)を発することが知られている．10か月を過ぎる頃には，同一のCV音節のくり返しである**反復**(reduplication)だけではなく，音節を構成する子音や母音に母語にみられる種々の分節音が組み合わされ変異に富む**喃語**(variegated babbling)へと移行し，強勢も「強弱」あるいは「弱強」という安定した韻律型を示すようになり，ほぼ初語に近い発話がみられるようになる．

　以下では，ほぼ生後1年間にみられる音声の獲得過程を，生得的な普遍的知識の発現と経験による(獲得すべき)母語の獲得への進展という点に焦点をあて，言語横断的に行なわれている種々の研究から得られた知見を踏まえ，カテゴリー知覚，母語と他の言語の弁別，母語の分節的特徴と韻律的特徴の獲得，母語の語や節の境界の同定，喃語から初語への移行，知覚と産出のずれなどについて概観し，最後に音処理機構を含む感覚運動体系(sensory-motor system)と言語機能との係わりについて述べる．

(a) カテゴリー知覚

言語音の示差的音声特徴のひとつに,有声/無声(voiced/voiceless)の区別がある.例えば,英語で閉鎖子音(stop) + 母音からなる音節[ba]と[pa]を発音する過程をみると,子音[b]も[p]もともに発声の直前にのどを通過する空気の流れが完全に止まる(閉鎖が起こる).次に,[b]の場合には,空気が流れ始める(破裂が起こる)のとほぼ同時に声帯が振動を始める.一方,[p]の場合には,この空気の流出と声帯の振動の始まりの時期に時間的な「ずれ」がみられる.このようなずれを数量的に定測したものを **VOT** (voice-onset-time,空気が流れ出る時点を0とし,そこを基準として声帯の振動が始まる時点との時間間隔)という.[b]と[p]の間でVOTが連続的に変化していく音を人工的に合成し,この合成音を大人の被験者に聞かせてどのように知覚するかを実験すると,知覚の反応は聴覚刺激に従って漸次的には変化せず,ある時点を境界として急激に変化する.英語を母語とする大人の被験者は,VOTが30 ms (ミリ秒)以内であれば,合成音をすべて有声の[b]と知覚し,VOTが30 msを越えると突然無声の[p]と知覚する.そのような反応は被験者を通して安定して観察される(図2.9参照).このような知覚の急激な変化は,人間が物理的な音の連続を音響的パラメータに沿ってある特定な点で不連続な言語音に分割し,カテゴリー化して知覚することを示すものである.

音声獲得の過程で,このような**カテゴリー知覚**(categorial perception)はいつごろから始まるのだろうか.Eimas et al. (1971)は,生後1~4か月の新生

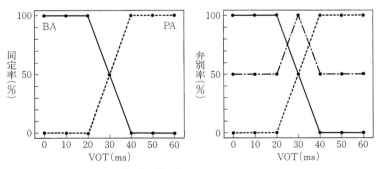

図 2.9 英語の[ba]と[pa]の大人のカテゴリー知覚の実験
(Mehler & Dupoux 1994:165)

児を被験者として，聴覚刺激の変化に対して新生児に乳首を吸わせてその吸引の程度の変化の測定(high-amplitude sucking procedure, **HAS**)を行ない，獲得過程においてどのようにカテゴリー知覚の能力が発現するかを調査した．あるひとつの音を一定期間聞くと新生児には馴化がみられ，吸引の程度が減少するが，新たに別の音を聞き始めると吸引の程度に増加がみられる．Eimas らはこの吸引の程度の変化をカテゴリー知覚の反映とみなした．馴化期とテスト期で同一の音声を聞く統制群(図 2.10 のグループ O)以外に新生児を二つのグループに分け，ひとつのグループ D には馴化期とテスト期で VOT に 20 ms の差があり，大人では[b]と[p]に弁別して知覚される刺激音を聞かせた．もうひとつのグループ S には，VOT に 20 ms の差があるが大人では[b]ないし[p]のいずれかの音として知覚される刺激音を聞かせた．図 2.10 から明らかなように，生後 1 か月でも 4 か月でも，グループ D においては，吸引反応に増加が認められ，[b]と[p]に弁別して知覚された．

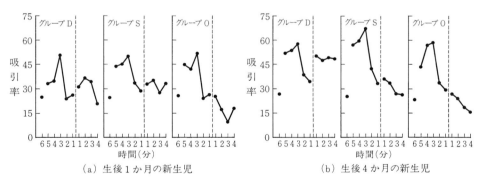

図 2.10 乳幼児のカテゴリー知覚の実験．縦の点線は刺激の変化の生起点．(Eimas et al. 1971)

この実験結果は，母語をほとんど経験していない最初期の段階においてもカテゴリー知覚が可能であることを示す(Bertoncini et al. (1987)では，生後 4 日の新生児が[ba]と[da]の弁別知覚を行なったという報告がみられる)．さらに，新生児が言語音の示差的特徴に関して生得的知識を持っていることも示唆する．HAS を使ったその後の多くの研究により，生後 1 か月から 2 か月の新生児が子音の調音場所の対比([ba]と[ga], [ma]と[na])，子音の調音様式の対比([ba]と[wa], [da]と[la], [la]と[ra])，母音の対比([a]と[i], [i]

と[u], [pa]と[pã]), 多音節語における強勢の位置の対比など, 自然言語にみられる様々な分節的対比や韻律的対比を知覚することができることが実証されている.

新生児のカテゴリー知覚の実験においては, 刺激として CV(子音 + 母音)連鎖が用いられている. 新生児は, 音声の知覚の単位として, 個別的に子音や母音という分節音を同定しているのか, あるいは, CV という連鎖(母音)全体を未分析のままで同定しているのかという疑問が生じるが, この点に関して, Bertoncini & Mehler(1981)は興味深い実験結果を報告している. 新生児にCVC連鎖の[pat]と[tap]を刺激として聞かせると, 二つを弁別知覚したが, CCC連鎖の[pst]と[tsp]を刺激として聞かせると, この二つの連鎖は弁別知覚されなかった. さらにこのCCC連鎖に母音を合成によってつけ足して, VCCCV連鎖とした[upstu]と[utspu]を聞かせると, 弁別知覚された. CVCは音節をなすがCCC子音連鎖は可能な音節をなさない. また, VCCCVはVCとCCVの二つの音節に分割可能である. この実験結果は, 新生児が音節を知覚の単位としていることを示唆するものである.

(b) 母語と他の言語の弁別

新生児がいつ頃から母語とそれ以外の言語の弁別知覚ができるのかを明らかにするために, Mehler et al.(1988)は, 新生児を多言語に触れる実験的環境に置き, HAS を使用してその弁別知覚能力の発現を調査した. 刺激としては, 完全なバイリンガルの話者に同じ発話をフランス語とロシア語で録音してもらったものと, 英語とイタリア語で録音してもらったものを使用し, 前者を生後4日のフランスの新生児に, 後者を生後2か月のアメリカの新生児に聞かせた. その結果, 両者ともに, 母語と別の他の言語を弁別知覚することができることが確認された.

新生児が母語と別の他の言語を弁別するのにどのような聴覚情報を手がかりとしているかを明らかにするため, Mehlerらは, さらにもうひとつ別の実験を行なった. 録音した刺激文を400 Hz 以上の周波数の音を除去するフィルター(low-pass filtering)に通して, 音声情報をなくし韻律情報のみが保持されるようにして, それぞれの新生児に聞かせた. その結果, 生後4日のフランスの新生児はフランス語とロシア語を, 生後2か月のアメリカの新生児は英語とイ

タリア語をそれでも弁別知覚することが判明した．

　この実験結果は，新生児が母語を同定するのに韻律情報を手がかりにすることを示すものである．Mehler らの報告によれば，生後 4 日のフランスの新生児も生後 2 か月のアメリカの新生児も母語を含まない二つの言語（それぞれ英語とイタリア語，フランス語とロシア語）は弁別知覚することができない．また，生後 4 日のフランスの新生児は，モーラ言語である日本語の音連鎖で 2 モーラから 3 モーラへの変化は知覚できないが，音節言語であるフランス語の音連鎖での音節数の変化は知覚することができる．生後 4 日で経験できる言語資料の量や質を考えると，新生児が手がかりとする韻律情報は，(子宮壁が音声情報を除去し韻律情報を保持するフィルターと同じ機能を果たすものとみなし得れば) 母親の子宮内での音響経験からすでに得られていると推察される．

　以上，新生児が生後 4 日で母語を同定することができることをみたが，本節 (a) では，新生児が生後 1～2 か月で，人間の言語の可能な音の示差的対比を弁別知覚することを概観した．誕生直後のそのような生得的な普遍的知識の発現とその後の個別言語の経験による母語の獲得の進展との相関関係をめぐりいろいろな知見が報告されている．以下では興味深い事例を二つとりあげる．

　生後 6 か月から 8 か月，8 か月から 10 か月，10 か月から 12 か月の英語を母語とする乳幼児に英語の [ba] と [da]，ヒンディー語 (Hindi) の [ṭa] (無気音でそり舌音) と [ta] (歯音)，セイリッシュ語 (Salish) の [k'i] (声門軟口蓋音) と [q'i] (声門口蓋垂音) の対比を聞かせると，図 2.11 のように 6 カ月から 8 カ月ではすべての対比が弁別知覚されるが，10 か月から 12 か月では，ヒンディー語とセイリッシュ語における対比は弁別知覚されなくなる．

　同様なことは，ドイツ語の母音の [Y] と [ʊ]，[y] と [u] の対比についても報告されている．生後 4 か月から 6 か月の英語を母語とする乳幼児はこれらの対比を弁別知覚できるが，6 か月から 8 か月の乳幼児は弁別知覚できなくなっている．母音の方が子音よりも早い段階で母語以外の対比の弁別知覚ができなくなるようである．

　有声/無声の対比は言語によって異なる VOT の値で知覚されることが知られている．キクユ語 (Kikuyu) では，声門の閉鎖が開始される前に声帯が振動する (prevoiced) 子音と閉鎖の開始後声帯が振動する (voiced) 子音の区別が示差的であり (VOT の値はマイナスとなり)，英語のような有声と無声の区別がみ

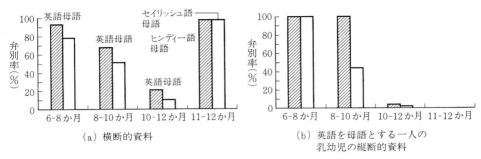

図 2.11 乳幼児による母語と母語以外の言語の子音のカテゴリー知覚に関する資料．グラフの斜線はヒンディー語の[ṭa]と[ta]の対比，□はセイリッシュ語の[k'i]と[q'i]の対比 (Mehler & Dupoux 1994:169)

られないことが知られている．生後1か月から4か月のキクユ語の新生児は，英語の有声/無声の対比 (VOT 30 ms) を弁別知覚することが実験により明らかにされている．スペイン語では，有声/無声の対比は英語と異なり VOT マイナス 20 ms からプラス 20 ms の間にあることが知られている．スペイン語を母語とする生後4か月から6か月の新生児は，英語の有声/無声の境界の前後に位置する VOT 20 ms と VOT 60 ms の音を弁別知覚するが，スペイン語本来の VOT マイナス 20 ms からプラス 20 ms の間の音は弁別知覚しない．しかし，生後6か月から8か月の乳幼児になると，このスペイン語に特有の有声/無声の境界が弁別知覚できるようになる．

　このような観察結果は，有声/無声の境界の値に関して有標・無標の区別が存在することを示唆する．英語の有声/無声の境界となる VOT 30 ms は，実際には，英語に特有な値ではなく，自然言語における有声/無声の境界の可能な値の中で無標の値に相当すると言えよう．経験をほぼ経ない獲得過程の最初期の段階では，音処理機構にとっては生得的に可能な無標の境界の値は知覚可能となっているとすれば，有声/無声の境界について有標の値を持つスペイン語の新生児も，また，有声/無声の境界が示差的とはならないキクユ語の新生児も，ともに英語の有声と無声を弁別知覚することが説明されよう．生後6か月を過ぎある程度の母語の経験を積みその母語の有標な値を獲得すれば，無標の値の境界は区別されず，母語に固有な対比しか弁別知覚されなくなる．

（c）　母語の分節的特徴・韻律的特徴と語の同定

　Jusczyk ら（Jusczyk 1993；Jusczyk et al. 1993）は，乳幼児がいつ頃から，母語に特有な分節音の音声特徴や音配列（phonotactics）に関する特徴，さらに強勢などの韻律的特徴を獲得し，それを手がかりにして母語の単語を同定するのかを明らかにしている．

　まず，音配列情報の獲得についての知見を概観する．英語とオランダ語は韻律的特徴がよく似た言語なので，両言語にそれぞれ固有な分節音の特徴や音配列の特徴（例えばオランダ語では音節のはじめに［kn］や［zw］という音配列が可能であるが，英語ではそれらは許容されない）を獲得していない段階では，それぞれの言語の単語を区別し同定することはできない．Jusczyk らは，英語とオランダ語に特有な（それぞれ他方の言語では許容されない分節音や音配列からのみなる）単語を生後6か月と9か月のアメリカの乳幼児に聞かせた．6か月の乳幼児は両言語のいずれの単語にも（より長い時間聴くという）聴覚選好を示さなかったが，9か月の乳幼児は母語の英語の単語に聴覚選好を示した．さらに生後9か月のアメリカとオランダの乳幼児に，両言語でともに許容される分節音からなり，音配列に関してはそれぞれ他方の言語では許容されない配列を含む単語を聞かせると，アメリカの乳幼児は英語の単語に，オランダの乳幼児はオランダ語の単語に聴覚選好を示した．なお，これらの刺激から音声情報を除去したもので実験を行なうと，それぞれの母語の単語に対する聴覚選好はみられなくなり，韻律情報を手がかりにして単語の同定はしていないことが確認された．他の研究においては，9か月のオランダの乳幼児は非適格な音配列を含む音節連鎖よりも適格な配列を含むものに対して聴覚選考がみられることや，9か月のアメリカの乳幼児は頻度の高い音配列を含む音連鎖に対して聴覚選考がみられることが報告されている．

　これらの実験結果は，語彙の発達が始まる以前の6か月から9か月という短期間に乳幼児は（獲得すべき）母語の可能な音配列に注意を払い，高い頻度で規則的に再起する音の配列型を手がかりとして音の連続体の中に語境界を探知し，音連続のなかからあるまとまりとして音連鎖を抽出してひとつの語として同定していくことを示唆するものである．

　次に，韻律的特徴の獲得についての知見を概観する．英語とノルウェー語は

韻律的特徴が異なる言語であり，ノルウェー語では，最終音節のピッチが高くなり，また，強勢のある音節よりも強勢のない音節のピッチが高いという特徴がみられる．Jusczyk らは，英語とノルウェー語の単語をバイリンガルの話し手に録音してもらい，それを生後6か月のアメリカの乳幼児に聞かせる実験を行なった．英語の単語にだけ聴覚選好がみられ，この刺激から音声情報を除去したもので実験を行なっても英語の単語に対する聴覚選好は変わらなかった．このことは，乳幼児が6か月頃までに母語の韻律的特徴を獲得していることを示す．

Jusczyk らは，別の実験として，英語の2音節語を用い強勢が"loony"のように「強弱」型(trochaic)か，"abloom"のように「弱強」型(iambic)かでグループ分けし，それをアメリカの6か月の乳幼児と9か月の乳幼児に聞かせた．6か月ではいずれの強勢型の語に対しても有意な聴覚選好がみられないが，9か月になると英語では優勢とみなされる「強弱」型の強勢を担う語に聴覚選考がみられ，さらに，音声情報を除去して実験を行なっても反応は変わらないという結果を報告している．このことは，乳幼児が強勢型という韻律的特徴も，語を同定する手がかりとしていることを示す．

強勢型を手がかりに語を同定する過程を明らかにするために，次のような実験も行なわれている．音声刺激が与えられる方向に乳幼児が反応するのを観察する手法(headturn preference procedure, **HPP**)を用い，3音節からなる音連鎖で「弱強弱」型の強勢を担う[dɔbígə]をもとにして，強勢がある音節の前にポーズを入れた連鎖[dɔ bígə]と後にポーズを入れた連鎖[dɔbí gə]を7か月と9か月の乳幼児に聞かせると，7か月では両連鎖に対して異なる反応はみられないが，9か月では強勢の前にポーズがある[dɔ bígə]に対して有意な聴覚選好がみられるという結果が報告されている．このような実験結果は，母語で優勢な強勢型を手がかりとして，乳幼児が音の連続体のなかで複数の音節をその強勢型に合致するようにしてまとめて抽出し，ひとつの語として同定していくことを示唆するものである．

Jusczyk(1997)は，英語の獲得過程の初期段階では，強勢を担う音節が新しい語の語頭標識を示す役割を果たすという**韻律的分節化の方略**(metrical segmental strategy)が機能していると論じ，このような分節化の方略には母語で優勢な特定の規則的な韻律的特徴が用いられる可能性を指摘している．乳幼

児が経験する母語には，強勢のような語境界の手がかりとなる韻律的標識だけでなく，節境界など句構造の切れ目に関する多様な韻律的標識(イントネーション，ポーズ，音節の長さの変化など)も含まれている．Hirsh-Pasek et al. (1987)はHPPを用い，節境界に対応してポーズを入れた刺激と節の途中の語と語の間にポーズを入れた刺激を聞かせる実験を行ない，7か月の段階で節境界のポーズに聴覚選好がみられることを示した．さらに，Jusczykは同じ刺激から音声情報を除去したもので実験を行ない，6か月の段階でも同じ結果が得られることを示し，ポーズが節境界を同定する手がかりとなることを実証した．なお，節境界の韻律的標識としてポーズが手がかりとなることが，英語に特有な方略なのかより普遍的な音処理機構の特徴によるものかについては，現在のところ明らかにはされていない．

このように韻律的情報を手がかりとして統語構造を構成する単位(語，句，節など)を同定することを**韻律的立ち上げ**(prosodic bootstrapping)という(Morgan & Demuth(eds.)1996参照)．獲得過程において節を構成する句の同定や語の統語範疇の同定(例えば，名詞と動詞の区別や語彙範疇と機能範疇の区別)に関しては，韻律的情報はある程度は手がかりとなるようだが，意味的・形態的情報のほうがより大きな手がかりとなっている(Pinker 1984, 1987参照)．

(d) 喃語から初語へ

Jakobson(1968)の喃語と初語は断絶した現象であるという主張に反して，その後の研究では，初語を含め最初期の発話には喃語にみられる分節的特徴や韻律的特徴が持ち越されていることが明らかにされた(Vihman et al. 1985)．例えば，喃語において高い頻度で生起する子音は，その後の初期の発話でみられる子音の総数の95%を占めるという報告もある．Locke(1983)によれば，くり返し喃語は通言語的にみられ，喃語に生起する子音はどの言語でもほぼ同じ音で/b, m, p, d, h, n, t, g, k/などの破裂音の頻度が高く，またどの言語においても/θ, z, f, ʃ/ などの摩擦音はほぼ観察されない．母音については，中位中舌ないし低位後舌母音である/ə, ʌ, ɑ/ の頻度が高く，高舌母音である/i, u/はほぼ観察されない．

喃語は韻律特徴としてはVないしCV音節の反復が顕著であるが，13か月の乳幼児の発話の音節構造の調査によると，Vが60%，CVが19%，CVCV

が8%で発話全体の87%が喃語の音節構造を反映しているという報告もある．

　獲得すべき母語が異なるにもかかわらず，乳幼児の音の産出に通言語的に共通する特定の特徴がみられるのは，声道や発声器官の形状が大人のそれと同じようにはまだ成熟しておらず，また，あごの動きを統御統合する能力も十分に発達していないことに帰因すると推察される．規範的喃語の発現はそのような生理的成熟の結果と言えるが，聴覚障害児では生後7か月頃に規範的喃語が観察されてもその後生後1年を経過しても多様な変化に富む喃語は発現しないという報告があるので，言語音の産出には個別言語の聴覚情報を経験することが重要な要因となっていることがわかる．

　喃語には通言語的に共通した特徴がみられると述べたが，それと同時に（獲得している）母語に固有な特徴が喃語にすでに発現していることも明らかにされている．Boysson-Bardies et al. (1989) は，10か月の段階でそれぞれ四つの異なる言語（フランス語，アラビア語，英語，広東語）を獲得している乳幼児が産出する母音の特徴（フォルマントの構造）を調べ，四つの異なる言語のそれぞれの大人の話者が産出する母音にみられる言語に固有な特徴が，それぞれの乳幼児の産出する母音に反映していると報告している．また，子音についても，Boysson-Bardies et al. (1992) は，フランス語，スウェーデン語，英語，日本語を獲得している乳幼児の，9か月から初語を含み25語を発話するようになる段階までに産出される子音の特徴を調べ，10か月の段階で調音場所と調音様式に関して各個別言語に特有な特徴が発現していると報告している．大人の発話では，口唇音の分布はフランス語で一番多く，破裂音の分布はフランス語が一番少ないが，10か月の段階でそれと同じ分布特徴がみられる．

　これらの四つの言語に関して音節を構成する音配列を調べた別の研究では，日本語を獲得している乳幼児は[ko]や[go]という「軟口蓋閉鎖音＋後母音」という音配列を産出することが多く，またスウェーデン語を獲得している乳幼児は歯茎閉鎖音[t][d]と多種の母音の結合を産出するが，他の三つの言語を獲得している乳幼児は歯茎閉鎖音と前舌母音との結合しか産出しないという，個別言語の特徴が喃語に反映する傾向があることを指摘している．

　これらの知見は，喃語が個別言語の第一歩であることを示している．

(e) 知覚と産出のずれ

　乳幼児の音の知覚の研究や喃語から初語へという音の産出の研究から，子どもが初語を発する頃には，母語の分節音の目録のかなりの部分を獲得していることをみた．それにもかかわらず，子どもの発する初語やそれ以降の発話は必ずしも，獲得すべき母語の大人の産出する語の音声形と同一とはならない(Smith 1973；Ingram 1986 参照)．
　一般に，分節特徴としては(i)から(iii)がみられる．
- （i）　ひとつの分節音の他の類似音での**置換**(substitution)．
this[di]，paper[beːbə]，ready[wedi]，sock[tak]
- （ii）　二つの分節音の位置の交替の**音位転換**(metathesis)．
spaghetti[pʌzgɛti]．
- （iii）　語中の子音や母音の調音位置の**同化**(assimilation)．
duck[gʌk]，tickle[gigu]，flower[fáːwa]

韻律特徴としては，(iv)から(vi)がみられる．
- （iv）　子音連結の**縮約**(consonant cluster reduction)．
train[ten]，stik[tik]，blanket[bakə]
- （v）　語末子音の**脱落**(final consonant deletion)．
bib[bi]，more[mʌ]，cat[kæ]
- （vi）　強勢を担わない音節の**脱落**(unstressed syllable deletion)．
banana[nǽnə]

juice[du]，glass[das]，pocket[bat]などはこのような特徴が融合した音声形となっている．
　このように，子どもの産出する語の音声形は，大人にくらべて分節音の種類と数の点で**簡約化**(simplification)がみられる．このような大人と子どもの音声形の間の一般的ずれ以外にも，ひとりの子どもが獲得過程のある段階で特定の語を間違って発音する場合('fis' 現象)が観察される．おもちゃの fish をみて子どもが fis[fis]と発音するのを観察した人が子どもに "This is your fis[fis]？" と言うと，子どもは "No, my fis[fis]" と答える．子どもは，観察者の子どもの発音の模倣を否定し，観察者が正しく(大人と同様に) "This is your fish[fiʃ]？" と言うと "yes" と言いながらそれでも "my fis[fis]" と発音し続ける．

このような知覚と産出のずれは，例えば，Sue という人名と shoe という物の名前を子どもがともに [su] と発音しながらそれぞれ異なるものを指す場合にも生じる．shoe を [su] と発音した子どもに子ども自身の発音を録音して聞かせるとそれを理解し得ないが，これも同じ現象といえる．

子どもは大人の音(形)の区別が正しくできるので上述の一般的ずれも個別的ずれも知覚上の間違いに基づいているとはいえない．これらは産出における間違いといえるが，その場合 (30) に示すようにこれら二つは区別される必要がある．

(30)

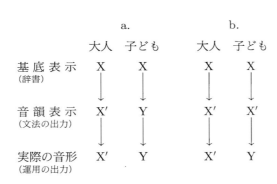

(30a) は，子どもに大人と同じ音韻知識が発現していない(獲得されていない)場合を示し，一般的ずれはこれに相当すると考えられる(これについては 2.3 節(b)参照)．(30b) は，大人と同じ音韻表示が調音知覚(ないし運動感覚)体系のインターフェイスを介して発音器官への指令となる過程で運用上の間違いが生じる場合を示しており，fis 現象はこれに相当すると考えられる．

2.1 節で述べた，大人と子どもの運用体系は本質的に同じであるという仮説によれば，音処理機構の産出に関わる仕組も大人と子どもでは質的に相違することはなく，(30b) は獲得過程で産出に関わる仕組みがどのように機能するかに帰因すると思われる．例えば，成熟過程にある調音器官にとって困難な操作をともなう音の産出は，より容易な操作ですますようにするという要請が産出の仕組に制約として働く可能性が考えられる．このような制約は，相違する音は可能な限り区別されるように実現し理解を容易にするという知覚の上の要請と矛盾するものであり，調音器官が完全に成熟すれば働かなくなり，運用上の間違いは消失すると考えられる．

獲得の初期段階で重要な役割を果たす音処理機構が生得的な言語機能の一部をなすかどうかについては，Chomsky (1998a, 1998b) は，言語機能の外の運動感覚体系に属するとし，言語獲得にともない音処理機構が各個別言語の相違に適応するように変異する（言語機能の一部となる）可能性を示唆している．母語の獲得が進むと母語で示差的ではない他の言語の音の区別の知覚ができなくなることをすでにみたが，英語を母語とする幼児も大人も英語の音の目録に存在しないズール語 (Zulu) の舌打ち音 (click) は容易に知覚できるという報告がある (Werker 1995)．このような観察は，音処理機構のどの部分がどのようにして個別言語に対応するように変異するかを解明するのに興味深い資料を提供するといえよう．

2.3　語彙的情報（レキシコン）の獲得

　前節で乳幼児が生後4日で，母語とそれ以外の言語を区別でき，生後6か月を過ぎ1歳前後に初語を発するようになるまでの間に，母語の分節・韻律的特徴を知覚し，それらを手がかりとして語を同定するようになることを概観した．英語を獲得する乳幼児が，この間に，例えば bit と beet という二つの語を聞きそれらを弁別知覚した場合，bit と beet がそれぞれどのような意味であるかを了解してこの二つの語の区別をしたとは言いがたい．2歳近くになる幼児に，新しい語（まだ知らない音声形）をいくつか与え，さらにそのそれぞれが幼児の知らない事物の名前を表わしているという情報も与えた後に，これらのうちの二つの語を区別することができるかどうか調べる実験を行なうと，2歳近くの幼児は，1歳前の乳幼児のように正しくは二つの語（音声形）の区別ができないことが報告されている．このように，音声形と意味を結びつけることが幼児にとっては獲得過程で重要な課題のひとつとなっている．言語獲得の最初期では，ある音声形に特定の意味がまだ結びつけられていない段階があるようだ．

　1歳になる以前の初語をまだ発することができない乳幼児に，意味的知識が発現していないわけではない．乳幼児はまわりの人（母親）の話しかけを理解し，喃語期には欲求，拒絶，喜怒哀楽などの感情を表現し得る．言語音の獲得と同様に，子どもは，多種多様な様相を示す外界の状況を主に視覚情報として認識し，認知体系の中の生得的な概念処理機構を使って混沌とした外界の状況を範

疇化して概念化し，そこから言語的意味を同定・抽出していると考えられる．語を獲得するためには，ある特定の状況から抽出された言語的意味がその状況で発せられるある特定の音声形（形態）に恒常的に結びつくことを了解しなければならない．

語は少なくとも(i)から(iv)のような四つの語彙的情報を担っている．
(i) 　音声形に関する音韻情報
(ii) 　（語の）内部構成や語形の変化に関する形態情報
(iii) 　（語の）種類（統語範疇）や共起の可能性（下位範疇化）に関する統語情報
(iv) 　語彙概念構造に関する意味情報

語は，典型的には，音声，形態，意味においてそれぞれひとつのまとまりをなす．(i)から(iv)の情報は，語の内部でお互いに多様な対応関係で結び付いている．語の音声形は，分節音が，モーラ，音節，フットと構造的なまとまりとなり音韻構造を形成している．語の形態は，（複数の）形態素が主要部と非主要部の関係で結合し，形態構造を形成している．音韻構造と形態構造は必ずしも1対1に対応するとは限らない．例えば，organization という語は音韻構造としては[[or+ga+ni][za+tion]]という構造を持ち，形態構造としては[[[organ]+iz]+ation]という構造を持つ．語形成過程は類型論的に線形型と非線形型の二つに大別される．英語のように複合や派生による線形型語形成では特定の形態素の配列が重要な要因となり形態構造が基盤をなす．これに対してアラビア語のような不連続な子音が語根となる非線形型語形成では，子音と母音を組み合わせた何らかの韻律単位が重要な要因となり音韻構造が基盤をなす（第3巻1.3節参照）．語の意味は，事物，行為，出来事という主要概念範疇の結合により**語彙概念構造**（lexical-conceptual structure）をなしている．語が複数の形態素からなる場合には，各形態素の語彙概念構造の合成によって全体の意味が定められる．統語範疇は語の意味と無関係ではなく，事物を表わせば名詞，行為を表わせば動詞というような基本的な対応関係がみられる．下位範疇化情報も，語の語彙概念構造や**項構造**（argument structure）と密接に関連している．音声形と意味の対応関係は，恣意的であり，このような関係は経験に基づいて獲得されなければならないが，それ以外の語彙的情報の多くは，個々の語に固有な情報としてではなく，語に関する一般的な原理と経験の相互作用によって定められる．

2.3 語彙的情報（レキシコン）の獲得

　言語獲得理論の観点から語の獲得の問題を考える場合，最初期の段階でどんな種類の語彙的情報がどの程度生得的に与えられているのか，（経験と普遍文法の相互作用を規定する）どのような獲得の原理が機能しているのか，またそのような獲得の原理が獲得過程においてどのように機能するのかを明らかにする必要がある．また，語の獲得の原理としてはどのようなものが普遍的な原理で，どのようなものが個別言語に特有な原理なのかも明らかにする必要がある（Williams 1994 参照）．

　Pinker(1984)は，獲得した語の統語範疇を決定する仕組みとして**意味による立ち上げ**(semantic bootstrapping)を提案した．普遍文法の中に統語範疇のリストがあるだけでは，子どもは個別言語の獲得中の個々の語がどの統語範疇に属するかが定められない．最初期の段階では，事物を表わす語は名詞として同定されるというように，意味による立ち上げが発動され範疇情報が獲得されるが，この原理だけでは意味と統語範疇が 1 対 1 に対応しないような語（例えば，抽象名詞や事象名詞）は獲得することはできない．獲得過程のある段階においては意味の立ち上げが抑制（停止）され，例えば限定詞と共起する語は名詞として同定されるというような**分布に基づく統語範疇の決定**(distributional learning)が活性化される必要が生じる．意味による立ち上げは普遍的な獲得の原理とみなされるが，分布に基づく統語範疇の決定は獲得過程のある段階の個別言語の文法の情報に言及する獲得の原理であるといえる．

　Clark(1993)は，語形成規則の獲得に関与する普遍的な原則として，語幹の形態的変化がより小さい語ほど理解されやすく産出もされやすいという**単純性**(simplicity)**の原則**，既知の語幹と接辞からなり意味が透明な語には解釈が与えられやすいという**透明性**(transparenny)**の原則**，および最も生産性の高い規則を使って語形成を行なうという**生産性**(productivity)**の原則**を提案し，語形成（規則）の獲得順序（転換＞複合＞接辞付加）がこれらの原則の相互作用の帰結として得られると主張している．Clark の提案するこれらの原則は，言語処理機構の性質を反映するものである．

　子どもは語の獲得に際して，(1) 当該言語から語の形式（音声形）をみつけ出し，(2) 語で表わされる可能な意味を同定し，(3) その意味を音声形に結びつけなければならない．本節では以下，(1)については音韻の獲得の問題として，(2)と(3)については意味の獲得と項構造の獲得の問題として，興味深い研究成

果を概観する(なお,(1)については,2.2節の音声の獲得が基盤となる).

(a) 意味の獲得

子どもの初語を含む最初期の50語程度は,どの言語においても類似しているといわれている.それらの語の半数近くは事物を表わす語であり,英語を獲得している子どもの例を挙げると,食べ物(juice, cookie),身体の一部分(eye, nose),衣類(diaper, sock),車(car, boat),おもちゃ(doll, block),動物(dog, kitty),人(dada, baby),身のまわりの物(bottle, light)などのいくつかの特定の類をなす.この他に,動作や運動を表わす語(up, off, peekaboo, eat, go),状態や様子を表わす語(hot, allgone, more, dirty),社会生活で使用される語(yes, no, want, bye-bye, hi)などがみられる.このような語はどのようにして獲得されるのであろうか.

母親が幼児に,保乳びんからミルクを飲んでいる赤ちゃんを指し示しながら"Baby"と言う場合を想定してみよう.babyという語(音声形)を聞いて,幼児が状況からその語がbaby and its bottleという意味であると推量することも可能である.また,母親が家族で飼っているウサギを幼児にみせて"Rabbit"と呼ぶ場面を想定してみよう.rabbitという音声形を聞いて幼児がウサギの特性であるwhiteとかfurry,あるいはウサギの身体の一部分であるlong earとかred eyeという意味を推量する可能性も大いにあり得る.さらにまた,両親がおもちゃのぬいぐるみを操って物語を演じながら,幼児に"Big Bird is chasing Oscar"と言う場面を想定してみよう.この場合,幼児がchaseという音声形と「(誰かが)(誰かを)追いかける」という意味を一義的に結びつけるという保証はない.Big Bird is chasing Oscarで表現されている状況は,Oscar is fleeing Big Birdで表現される状況とも合致するものであり,幼児がchaseという音声形をfleeという語が担う意味(run away)であると了解することも可能性としてはある.

このように,経験から得られる証拠だけに基づくとそれと合致する仮説が複数可能となり,そのなかのどれかひとつの仮説にしぼれない(言語経験からある音声形(語)に結びつく意味を一義的に決定できない)場合が生じる.このことは**帰納的推論の問題**(problem of induction)と呼ばれる.このような困難が予測されたにもかかわらず,言語獲得過程では,子どもは実際にはbabyの場

合には，主題的に関係付けられるもの全部を指すとはせず，事物それ自体を指す名前を表わすものとして正しくその語を獲得する．また rabbit の場合にも，事物の属性やその一部分を指すものとはせず，事物全体を指す名前を表わすものとして正しくその語を獲得する．このような名詞の意味の獲得にくらべ，動詞の意味の獲得は少し遅れるようだが，chase の場合，動作主が主語であり被動作主が目的語であることが同定できれば，「追いかける」という意味を正しく獲得するようになる．

　語の意味の獲得がもし経験だけに基づいて行なわれるならば，子どもは1歳くらいから複雑な論理推論能力を駆使しなければならないが，認知発達からみて，1歳でそのような段階に達していると考えることはできない．Markman (1989) は，語で表わされる可能な意味や意味と音声形との対応関係を経験に基づき容易に獲得することを可能とする仕組みを子どもが生得的に持っていると仮定し，(31)〜(33)のような概念認知に関わる制約を提示している．

(31) 事物全体制約 (whole object assumption)
　　ある事物に対して新しいラベル(語)が与えられた場合，そのラベルはその事物の部分や属性を指すのでなく，事物全体を指すものであると仮定される．

(32) 分類制約 (taxonomic assumption)
　　ラベル(語)は，その事物が主題関係的に関係付けられているものとしてではなく，事物が属するものと同じ種類(範疇)のものを指すものであると仮定される．

(33) 相互排他性制約 (mutual exclusivity assumption)
　　事物は唯一の範疇に属するものであると仮定される．

(31)〜(33)は言語獲得装置のなかの言語獲得の原理として機能すると考えられる．上述の baby や rabbit の場合では，子どもは(31), (32)の制約に導かれ，語が発せられた状況に合致する多くの可能な仮説を容易に排除し，正しい意味に到達し得る．(33)の制約は，母親が子どもにウサギをみせ "Rabbit" と言い，子どもがその意味を了解したと思われる場面で，今度は同じウサギを指して "White" と言った場合，子どもが，rabbit という語が white というもうひとつのラベルと結びつくと想定する可能性を排除するものである．(33)は言語に固有な制約というよりも，範疇は相互に排他的であるという範疇化に関する

認知体系の一般原理によると考えられる（言語獲得過程で(33)と同じ機能を果たす制約として，Pinker(1984)の**唯一性の原理**(uniqueness principle)，Clark(1987)の**対比の原理**(contrastive principle)などが提案されている）．

　(31)～(33)の制約は，語の獲得の最初期の段階で，音声形と意味との結びつき方に関して子どもに手がかりを与えるものであるが，獲得過程でその後これらの制約が働き続けると，新しい語の獲得が困難になる．例えば，母親がドアを指して "Knob" と言った場合に，(31)の制約および(33)の制約がずっと機能していると，子どもはドアの一部を指すこの語の獲得ができなくなる．大人は，同じ事物，例えばプードルをみて，puddle, dog, animal といずれのラベル(語)でも用いることができるが，(33)の制約によるとこのような可能性は獲得過程にある子どもにとっては許されない．子どもは，ball や doll という語とともに，その上位概念である toy という語も早い段階で獲得する．(32)の制約と(33)の制約はお互いに矛盾する役割を果たすものであり，両者が同時に機能すると内包関係(class inclusion)にある範疇に属するものに複数のラベル(語)を結びつけることが不可能となる．

　このようにこれらの制約については，その相互作用の仕方や獲得過程のどの段階で子どもにとって利用可能ではなくなるかを精査する必要がある（なお，(32)の制約に関しては，同じ種類のものということをどのような基準に基づいて同定できるかについて種々の検討がなされ，**形のバイアス**(shape bias)というような特徴が指摘されている）．これらの制約は事物を指す語である名詞の獲得には有効であるが，子どもは，動作や様態を表わす語も帰納的推論の問題を回避して獲得しているので，(31)や(32)とは異なる制約も働いていると推測される．

　Naigles(1990)は，動詞の意味の獲得に際しては，当該の動詞がどのような文構造に使われているかという統語的情報が手がかりとなり得るという**統語的立ち上げ**(syntactic bootstrapping)を指摘した．2歳には達していない段階のまだ動詞をほとんど獲得していない子どもたちに "gorp" という新造動詞を含む文を聞かせ，ビデオスクリーンにその文によって表わされている状況を映像として提示し，動詞が用いられている文の統語構造の違いに呼応してどちらの映像を長く凝視するかを実験によって調査した．提示された映像は，ひとつは，ウサギがアヒルの頭を押えてアヒルを前かがみにさせる(forcing-to-bend)もので，

もうひとつの映像はウサギとアヒルがそれぞれ腕をまわして輪を空中に描く(arm-wheeling)ものである．子どもたちはそれぞれ他動詞文の"The rabbit is gorping the duck."と自動詞文の"The rabbit and the duck are gorping."という刺激文を聞いた後に，"Find gorping now! Where's gorping ?"と質問される．Naiglesは，24人中23人の子どもが，他動詞文に対してはforcing-to-bendの映像を，自動詞文に対してはarm-wheelingの映像を長く凝視するという結果を報告している．

　Fisher et al.(1994)は，同じひとつの行為や出来事が話者の視点(speaker's perspective)によって異なる意味となって動詞に結びつく場合に，子どもがこのような動詞の意味を獲得する際には動詞が生起する統語構造に基づいて主語を同定し，主語の果たす意味役割を手がかりとしているという実験結果を報告している．新造動詞 zike を用い，子どもたちに"Mary zikes the ball to John."という刺激文を提示すると，zikeにgiveに相当する意味が結びつけられる．一方，"John zikes the ball from Mary."という刺激文を提示すると，getに相当する意味が結びつけられることをFisherらは観察し，子どもには他動詞の主語を行為者として解釈する性向があり，これが動詞の意味を獲得する手がかりとなると指摘した．(なお，Pinker(1994)は，これらの実験結果は動詞の語根に共通なフレームに関する意味の獲得を示すものであって，動詞の語根の意味内容の獲得を示すものではないと論じている．)先に言及した"Big Bird is chasing Oscar."において，動詞 chase に動詞 flee の担う意味が結びつけられないのも，このような性向が手がかりになっているといえよう．

　子どもは18か月を過ぎる段階になると，急激に語彙の獲得が進む時期(vocabulary spurt)を迎える．Gentner(1982)は，この期間に英語を獲得する子どもの名詞の数が急激に増加することを観察した．さらに通言語的(中国語，日本語，カルリ語(Kaluli)，ドイツ語，トルコ語，英語)調査を行ない，子どもが12か月から30か月の段階では，これらの言語の語彙に名詞が占める割合が50%から80%程度であるのに対して，動詞を含む関係概念を表わす語(述語)の占める割合が0%から35%程度でしかないことを観察した．この結果に基づき，Gentnerは，子どもは普遍的に動詞よりも名詞を早く獲得するという仮説を提示した．名詞は，事物や個体という知覚的に卓越した具象的な概念を表わすので，子どもは個別言語に特有な経験に基づかなくても，普遍的な概念

構成に基づき名詞を容易に獲得できると論じた．これに対して，動詞には概念的にも知覚的にも複雑な情報が融合されており，さらにその情報の融合のされ方が個別言語によって異なるので，動詞の獲得には個別言語に特有な経験が必要となり，名詞よりも獲得するのに時間がかかると論じた．(個別言語によって動詞の語彙概念構造の融合のされ方が違うことにより，英語の動詞では The bottle floated into the cave のように「運動」と「様態」という概念が融合可能となる．スペイン語の動詞では La botella entró en la cueva, flotando のように「運動」と「経路」という概念が融合可能となる．)

その後の研究で，動詞の方が名詞より早く獲得される言語が報告され，普遍的な概念形成過程に基づいて意味が獲得されるという Gentner の仮説が妥当ではないことが明らかにされている．動詞より名詞のほうが早く獲得される言語として Gopnik & Choi(1995)，Choi(1998) は韓国語の資料を，Brown(1998) はマヤ語族のツェルタル語(Tzeltal)の資料を提示している．Choi は韓国語では動詞の形態・統語特性が顕著であること((i) 語順が SOV で動詞が知覚上卓越した文末の位置を占める，(ii) 談話における項の脱落が可能で動詞だけからなる文が可能となる，(iii) 談話・語用上の情報を表示する形態的標識の動詞への付加が義務的である．(iv) 初期の段階では関係概念の大部分が動詞で表わされる)と，子どもに話しかけるときに動詞を使用する頻度が非常に高いことが動詞の獲得を早くする要因であると論じている．また英語において動詞が遅く獲得されるのは，動詞の形態・統語特性が顕著とはならないこと((i) 語順が SVO で動詞が知覚上卓越した位置を占めない，(ii) 初期の段階では動詞の屈折形態変化が豊かでない，(iii) 関係概念は動詞だけでなく不変化詞によっても表わされる)によると論じている．Brown もツェルタル語の動詞の特徴として形態的に複雑な特性を持つことを指摘し，さらに獲得の初期の段階からいくつかの動詞への接辞の付加が生産的であると述べている．これらの研究は，動詞の獲得に獲得の初期段階の個別言語に特有な特徴が影響することを示すものであり，2.1 節(c)で指摘したように，瞬時的モデルに対して問題となる資料を提供するものといえよう．

(b) 音韻の獲得

英語を獲得する多くの子どもは獲得の最初期の段階では，例えば juice を

[du]のように発音し，語末の音節が脱落した韻律構造が簡略化された音声形がみられる．子どもが強勢を担わない音節(弱音節)を脱落させることは一般によく知られているが，この脱落はどのような文脈でも自由に生起するわけではない．Gerken(1996)は，pushed the zebra という語の連鎖でよりも pushes the zebra という連鎖においてのほうが，はるかに高い頻度で弱音節である機能語 the を子どもが脱落させると指摘している．

　Demuth(1996)は，子どもの初期の語の音声形の実現の仕方について，子どもの英語，オランダ語，セソト語，マヤ語族のキーチェ語(K'iche)の資料を調査し，韻律構造の簡略化について通言語的に共通する特徴を指摘している．(34)から(37)は英語，オランダ語，セソト語，キーチェ語の1語期の語の音声形の実現の仕方に関する資料である(下線は強勢を担う音節を示す)．子どもの英語では強勢を担う音節と語末の音節が保持され，CVCV という2音節からなっている．

(34)　　子ども　　　　大　人
　　　　[raisə]　　　　e<u>rai</u>ser
　　　　[ɛlfʌn]　　　　<u>e</u>lephant

子どものオランダ語では，語中ないし語末の弱音節が(35a)のように脱落したり，また(35b)のように二つの子音からなるコーダ(coda)の間に母音が挿入されたり(CVCC → CVCVC)，閉音節に母音が挿入されたり((C)VC → CVCV)して，英語と同じように2音節からなっている．

(35)　a.　子ども　　　　　　　大　人
　　　　　[ˈoːxant]　　　　　　olifant　　　　"elephant"
　　　　　[ˈAnRə]～[ˈAndə]　　andere　　　　"other"
　　　b.　[ˈmɛlək]　　　　　　 melk　　　　　"milk"
　　　　　[ˈomə]　　　　　　　 oom　　　　　"uncle"
　　　　　[ˈbɑlə]　　　　　　　 bal　　　　　 "ball"

セソト語は語レベルの強勢がない言語で，語末から2番目の音節の母音が長くなり強勢とよく似た機能がそれにより担われる．子どものセソト語も2音節からなっている(.は音節境界を表わす)．

(36)　　子ども　　　大　人
　　　　ta.te　　　 n.ta.te　　　"father"
　　　　tee.te　　　che.le.te　　"money"

キーチェ語は強勢が語末にくる言語である．他の三つの言語と異なり，子どものキーチェ語は1音節で語となっている．

(37)　　子ども　　　大　人
　　　　lom　　　　jo<u>lom</u>　　　"head"
　　　　kop　　　　chi<u>kop</u>　　　"bottle"

Demuth は，子どもの初期の語の音声形の簡略化は，子どもの英語で弱音節の繋辞が脱落した文の付加疑問 "That making sense, isn't it ?" が可能であり，子どものオランダ語で音節融合がみられるので(例えば microfoon は [mi'kRon])脱落した音節は知覚されており，知覚上の制約に帰することはできないとしている．また，子どもの英語の喃語では2音節以上に長い音節数のものも可能であり，さらに，語末に強勢があるキーチェ語では，1音節の語も可能であるので調音上の制約にも帰すことができないと論じている．Demuth は，この簡略化は**最小語**(minimal word)に課される音韻上の制約の具現化したものであり，音韻上のまとまりとしての語(音韻語，phonological/prosodic word)における無標の形が発現したものであると論じている．

一般に，語の音声形は(38)のような階層構造をなし，最小語には普遍的に(39)のような制約が課される(第2巻2.5節の最小性条件参照)．

(38)　　PW(音韻語)
　　　　　｜
　　　　　Ft (フット)
　　　　　｜
　　　　　σ (音節)
　　　　　｜
　　　　　μ (モーラ)

(39)　　最小語は少なくとも二分枝分かれフット(binary foot)をひとつ含んでいなければならない．

(39)は具体的には，(40a)のようにフットが二つの音節からなる(例えば CVCV)か，(41b)のように二つのモーラからなっていなければならない(例えば CVV, CVC)ことを示す．

(40)　a.　　　　　　　　b.

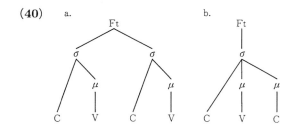

　子どもの英語，オランダ語，セソト語は2音節からなり，(40a)の最小語の韻律構造を満たすものである．キーチェ語は1音節語ではあるが閉音節で2モーラからなるので，(40b)の最小語の韻律構造を満たすものである．
　Demuth(1995a, b)は，英語とオランダ語についてこのような韻律構造の獲得を詳細に調べ，(41)のような獲得段階が同定されると指摘している．
(41)　段階 I　下位最小語
　　　　　　開音節 CV (母音の長さの区別がみられない)
　　　段階 II　最小語
　　　　a. 開音節 CVCV
　　　　b. 閉音節 CVC
　　　　c. 長母音化 CVV (母音の長さの区別がみられる)
　　　段階 III　音韻語
　　　段階 IV　音韻語
段階 I は音節構造の中で無標の形式であり，段階 II は音韻語の中で無標の形式であるといえる．段階 III は二分枝分かれフットよりも大きな語で，段階 IV は獲得の最終段階(大人)の語である．
　この獲得段階は，(38)で示した韻律の階層構造の展開として(42)のようにとらえることができる．
(42)　段階 I　＞　段階 IIa　＞　段階 IIb,c　＞　段階 III

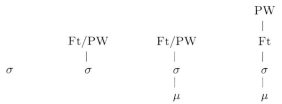

Demuth(1995a)は,(38)の階層構造が普遍文法の知識であるとしても,言語獲得理論においてはなぜその階層が(42)のように展開するのか,また,段階の移行が何によって引き起こされるのかを説明されるべきであると論じ,最適性理論による段階移行の説明を試みている.

(43)は子どものオランダ語の olifant/ˈoːlˌfɑnt/ の(41)の各段階における韻律構造を示す資料である.IIb の段階で二つの音声形があるのは,個人による音声形の相違を示すものである.

(43)　　I　[fɑ]
　　　　IIₐ　[ˈhoːtɑ]
　　　　IIᵦ　[fɑut],[ˈhoːtɑ]
　　　　III　[ˈoːfɑˈfɑn]
　　　　IV　[ˈoːlˌfɑnt]

Demuth は,(44)のような普遍的制約が Con にあるとし,大人と同じ基底表示を Gen の入力とした.各獲得段階に対応して優先順位が付けられた普遍的制約群に Gen で生成される候補がどの程度違反しているかを Eval で評価した結果を(45)〜(49)の表として提示している((44)では関係する制約のみをとりあげた).

(44)　*COMPLEX: 子音連結は許容されない
　　　　NO-CODA: 音節はコーダを持っていてはいけない
　　　　PARSE-SEG: 基底表示の分節音はすべて音節構造に含まれていなければならない
　　　　ALIGN_{PrWd}　a. 音韻語の無標の形は二分枝分かれのフットである
　　　　　　　　　　　b. 音韻語の無標の形は CV 音節である

(44)の制約の*COMPLEX, NO-CODA, PARSE-SEG は一般に仮定されている制約である.ALING_{PrWd} は形式としては一般に仮定されている制約に属するが,その制約の内容は無標形をそのまま記述したものであり,また,段階 I とそれ以降の段階を区別するような無標形に関するパラメータを導入したような制約である.この制約は,今後,最適性理論による説明の妥当性を考察する際に検討されるべき規定のしかたであるといえよう.(以下,表で A ≫ B は制約 A が制約 B よりも上位に順序付けられていることを,A, B は二つの制約の

2.3 語彙的情報(レキシコン)の獲得　95

間に優先順位がないことを示す．*は制約に違反していることを，*!は致命的な違反であることを示し，⇒ は最適形を示す．)

(45) 段階I　CV下位最小語
NO-CODA, ALIGN$_{PrWd}$ ⋯ ≫ ⋯ PARSE-SEG

/ˈoːliːˌfant/			NO-CODA	ALIGN$_{PrWd}$	PARSE-SEG
i	⇒	[fɑ]			*****
ii		[ˈhoːta]		*!	***
iii		[fɑut]	*!	*	***
iv		[ˈoːfɑˈfan]	*!	*	*
v		[ˈoːliːˌfant]	*!	*	

(46) 段階IIa　CVCV 最小語
NO-CODA, ALIGN$_{PrWd}$ ⋯ ≫ ⋯ PARSE-SEG

/ˈoːliːˌfant/			NO-CODA	ALIGN$_{PrWd}$	PARSE-SEG
i		[fɑ]			*****
ii	⇒	[ˈhoːta]			***
iii		[fɑut]	*!		***
iv		[ˈoːfɑˈfan]	*!	*	*
v		[ˈoːliːˌfant]	*!	*	

(47) 段階IIb　CVCV〜CVC 最小語
ALIGN$_{PrWd}$ ⋯ ≫ ⋯ PARSE-SEG ⋯ ≫ ⋯ NO-CODA

/ˈoːliːˌfant/			ALIGN$_{PrWd}$	PARSE-SEG	NO-CODA
i		[fɑ]	*!	*****	
ii	⇒	[ˈhoːta]		***	
iii	⇒	[fɑut]		***	*
iv		[ˈoːfɑˈfan]	*!	*	*
v		[ˈoːliːˌfant]	*!		*

(48) 段階III
*COMPLEX ⋯ ≫ ⋯ PARSE-SEG, ALIGN$_{PrWd}$ ⋯ ≫ ⋯ NO-CODA

/ˈoːliːˌfant/			*COMPLEX	PARSE-SEG	ALIGN$_{PrWd}$	NO-CODA
i		[fɑ]		*****!	*	
ii		[ˈhoːta]		***!		
iii		[fɑut]		***!		*
iv	⇒	[ˈoːfɑˈfan]		*		*
v		[ˈoːliːˌfant]	*!			*

(49) 段階 IV

PARSE-SEG, ALIGN$_{PrWd}$ ⋯ ≫ ⋯ NO-CODA, *COMPLEX

/ˈoːliːˌfant/		PARSE-SEG	ALIGN$_{PrWd}$	NO-CODA	*COMPLEX
i	[fa]	*****!	*		
ii	[ˈhoːta]	***!			
iii	[faut]	***!		*	
iv	[ˈoːfaˈfan]	*!		*	
v ⇒	[ˈoːliːˌfant]			*	*

Demuth の説明の細部に立ち入る余裕がないが,段階移行で重要な役割を果たしているのは PARSE-SEG の再順序付けであり,獲得が進むに従ってそれに違反することが最適性からの逸脱を大きくする要因とみなされている.ALIGN$_{PrWd}$ の内容は段階 I では b,それ以降では a と仮定されている.段階 IIb で子どもによって異なる音声形が用いられることは,PARSE-SEG が NO-CODA と ALIGN$_{PrWd}$ の二つの制約と順序付けられたことによって説明されている(韻律構造の獲得に関する種々の分析については,Kohoe & Stoel-Gammon 1997 参照).

(c) 動詞の項構造の獲得

動詞の項構造とは,動詞の意味のなかで,その動詞が中核となる文の構造を決定し得る特徴を抽出した語彙的情報のひとつである.項構造には,少なくとも動詞が必要とする項の数と,各項が担う主題役割に関する情報が含まれる.生成文法に基づくレキシコン研究では,項構造でとらえられる語彙的情報をどのように規定すべきかに関しては,さまざまな提案がなされている.大別すると,Jackendoff(1990)のように,動詞の(関数と項からなる)語彙概念構造表示の中に項構造に関する情報が含まれていると考える立場と,Gimshaw(1990)のように,語彙概念構造とは別に(項のみからなる)項構造表示も必要であると考える立場がある(第 3 巻 1.6 節および第 4 巻 4.3 節(a)参照).いずれの立場においても,項が統語構造でどの位置(例えば,主語とか目的語)を占めるどのような統語範疇に対応するかを規定する**連結規則**(linking rule)が存在すると考えられている.

本節で動詞の項構造の獲得を問題にするときには,動詞の意味特性が文の構

造に投射されるという知識を子どもがどのようにして獲得するかという問題としてとらえる．

動詞の項構造の獲得は，言語獲得研究において，従来，学習可能性に関して重大な問題を提示すると指摘されてきた．多くの動詞は，(50)〜(52)のように二つの関連した統語構造に生起可能である．このような事象は，**項構造の交替**(argument structure alternation)と呼ばれる．(50)〜(52)は**所格交替**(locative alternation)が可能なことを示す事例である．

(50) a. John loaded hay onto the wagon.
　　 b. John loaded the wagon with hay.
(51) a. Sally splashed water onto the wall.
　　 b. Sally splashed the wall with water.
(52) a. Bill stuffed breadcrumbs into the turkey.
　　 b. Bill stuffed the turkey with breadcrumbs.

このような言語資料に接すると，子どもは(53)のような一般化を行ない，例えば，I brushed paint onto the wood. という文を聞くと I brushed the wood with paint. という文も可能な文であると予測する．

(53)　V：$NP_{動作主}$__$NP_{内容物}$ into/onto $NP_{容器}$
　　　⟶ V：$NP_{動作主}$__$NP_{容器}$ with $NP_{内容物}$

しかし，(53)の一般化に反するように振る舞う動詞は大人の文法には存在する．

(54) a. Amy poured water onto the glass.
　　 b.*Amy poured the glass with water.
(55) a.*Carol filled water into the glass.
　　 b. Carol filled the glass with water.

(53)のような一般化を行った子どもは，動詞 pour も fill も交替可能であると予測する可能性は十分にあり得る．子どもの自然発話資料には，(55b)に相当する(56)のような発話が観察される(Bowerman 1982)．

(56)　Can I fill some salt into the bear?　(5歳0か月)

また，Gropen et al.(1991)は，2歳から6歳までの子どもに，コップに水を満たした絵をみせると，半数以上の子どもが絵の状況を"fill water into the glass"と表現すると報告している．

ここで問題となることは，獲得過程で否定証拠が利用可能でない子どもが，

どのようにして過剰一般化(overregularization)を修正し，大人と同じ項構造の交替に関する知識を獲得するかである．従来この問題は，**ベーカーのパラドックス**(Baker's Paradox)と呼ばれている．

Pinker(1989, 1993)は，この問題に対して，次のような解決案を提示した．形態的に同一な動詞(例えば，$V_1 = $ load, $V_2 = $ load)であっても異なる統語構造(V_1: ＿NP_1 into NP_2, V_2: ＿NP_2 with NP_1)に生起する場合には，この二つの動詞は関連するが，異なる語彙概念構造(または主題核 thematic core)を持つ(V_1: X causes Y to go to Z, V_2: X changes the states of Z by means of causing Y to go to Z)．動詞の語彙概念構造で変項となっている要素は，生得的な連結規則によって，それぞれ統語構造の特定の位置に写像される．例えば，V_1 では Y が，V_2 では Z が「影響を被った要素(affected entity)は目的語となる」という連結規則によって統語構造に写像される．異なる語彙概念構造は，それぞれ異なる統語構造に写像される．このように交替関係は，図 2.12 にあるように一つの語彙概念構造をもうひとつの語彙概念構造に対応させる**語彙意味規則**(lexical-semantic rule)によって説明される．

図 2.12　所格交替

Pinker は，語彙意味規則として，**広域語彙規則**(broad-range rule)と**狭域語彙規則**(narrow-range rule)の 2 種類を提案した．広域語彙規則は二つの語彙概念構造を結びつける規則で交替の必要条件を規定し，交替可能な動詞の意味特性を予測する規則である．(54)の動詞 pour は X causes water to go down in a stream into the glass という意味を持つ．これは内容物の場所の移動と移動の様態を表わすが，容器の状態変化を規定しないので，広域語彙規則により，所格交替は不可能とされる．(55)の動詞 fill は X changes the glass to become full of water by means of causing water to be in the glass という意味を持つ．これは，容器の状態変化は表わしているが内容物の移動は規定しないので，これ

も広域語彙規則により所格交替が不可能とされる．動詞 splash と drip は概念認知上類似しているとみなされる動詞である．両者はともに広域語彙規則で所格交替が可能であると予測される．しかし実際には，splash は所格交替が可能であるが，drip は可能とはならない．詳細に動詞の意味特徴をみると，splash は物質が物の表面に接触すると同時にその物質がある方向に衝撃的に移動することを表わす．一方，drip は動作主による物の直接的な移動ではなく，重力による移動を表わす．splash に類似した意味を持つ inject, splatter は所格交替が可能である．一方，drip と類似した意味を持つ dribble, drizzle は所格交替が可能とはならない．このように**狭域合成類**(narrow conflation class)をなす動詞類の詳細な意味特性をとらえ，どのような意味類の動詞が実際に交替可能かをとらえるのが狭域語彙規則である．狭域語彙規則は交替の十分条件を規定し，交替可能な動詞の存在を予測する規則である．

　Pinker のこのような提案によると，子どもは次のような過程を経て項構造の交替に関する知識を獲得する．子どもは言語資料に接しながら個々の動詞の語彙概念構造を獲得し，生得的な連結規則によって，それを項構造(統語構造枠)に結びつける．そのように獲得された動詞のいくつかが，二つの異なる項構造を共有することがあると認知上の再構成に動機付けられ，広域語彙規則が形成される．さらに資料に接し，動詞の語彙概念構造がより精密化されるようになった段階で，広域語彙規則では両方の項構造に生起することが予想される動詞のなかで，実際にはひとつの項構造にしか生起しないものがあることが了解されると，さらにそれらをひとつの類にまとめる狭域語彙規則が形成される．

　子どもが(56)のような間違いを犯すのは，fill の語彙概念構造を正しく獲得していないからということになる．子どもは，獲得の初期段階で，fill を pour と同じように移動の様態を表わす動詞としてとらえれば広域語彙規則に合致するので，交替が可能であると予測してしまう．fill を pour と同義とみなすのは，動詞の意味を獲得するときに，その動詞の表わす動作の結果(状態変化)よりも動作の様態に注目するという子どもの性向によっていると考えられる(Gentner 1978)．子どもが多くの経験を通し，大人が fill を注ぐという動作をしないで容器が一杯になっている場面で使用するのを了解すると，fill の語彙概念構造を正しい意味に合致するように修正する．そうなれば(56)のような間違いは自然に消失することになる．

子どもが項構造の交替について間違いを犯す場合として，(57)のような例もある (Bowerman 1982)．

(57) I'm going to cover a screen over me. （4歳5か月）

大人の文法では，表面を完全におおうことを意味する動詞 flood, cover, pave などでは所格交替が可能ではない．(57)は，子どもが所格交替の広域語彙規則は獲得した段階で，そのことをまだ経験により了解していない場合に犯す間違いである．このような間違いは狭域語彙規則を獲得すると消失することになる．

このように Pinker の提案では，普遍文法の生得的な連結規則と個別言語の経験により広域語彙規則を獲得し，次にこの広域語彙規則と個別言語の経験に基づき個別言語に特有な狭域語彙規則を獲得することにより，子どもは，項構造の交替に関する知識を獲得する．広域語彙規則は獲得の中間段階の個別文法の産物であるが，通言語的にほぼ共通している．このことは，語彙的特性である項構造の交替が普遍的な人間の概念認知機構に関連づけられている可能性を示すものである．また，この広域語彙規則は，子どもが交替について形成する仮説(個別言語に特有な狭域語彙規則)を狭く限定する機能を果たしており，獲得の中間段階の文法が次の段階の文法に影響を与える可能性を示すものである．

2.4 展　　望

言語獲得研究は，生成文法理論を基盤とし，それと有機的に関連して進展していることを概観した．生成文法理論において普遍文法の内部構成の定め方に関する仮説はひとつとは限らず，言語獲得研究の成果はそれらの仮説の検証に大きな役割を果たしていることをみた．特に，多様な言語間変異が獲得過程の中間段階の個別文法の特性と有機的に相関している事象をいくつかみた．これらは，瞬時的モデルの妥当性を検討するのに有意義な資料を提供するものであるといえよう．

1990年代に入り，原理とパラメータのアプローチは極小主義という新しい展開を迎えた．**極小主義**(minimalist program)の基本理論は，普遍文法の内部構成がインターフェイスに動機づけられるものに可能な限り限定されるというものである．これは，言語機能の特性のかなりの部分が言語の外側の認知体系の性質によって規定されることを意味する．獲得研究においては，獲得過程にお

ける普遍文法と言語の外側の認知体系との相互作用を解明することが，これまで以上に重要な課題となるといえよう（例えば今西 1998 参照）．

第 2 章のまとめ

2.1　まず，原理とパラメータのアプローチに基づく言語獲得研究について概観した．次に，時間軸にそった言語発達を説明するためには，瞬時的モデルに基づき提案されている種々の言語獲得の原理だけによっては言語間変異や言語獲得の最初期の段階の特徴に対して妥当な説明が与えがたいことを明らかにした．最後に，非瞬時的モデルに基づいて普遍文法の内部構成を規定する新しい可能性を探究した．

2.2　音声の獲得に関する種々の実証的研究を概観し，言語獲得の最初期の段階においては普遍文法で規定されている分節・韻律特徴が発現することと，その後経験に基づき個別言語に特有な分節・韻律特徴が数か月という短い期間内に獲得されることを示した．

2.3　語を獲得するには，当該言語から語の形式をみつけ出し，語で表わされる可能な意味を同定し，その意味と語形式を結びつけなければならない．そのような語の獲得過程で各種の言語獲得の原理が重要な役割を果たすことを明らかにした．

3
言語理論と失語症

3 言語理論と失語症

【本章の課題】

　言語について自然主義的な立場から研究するならば，ヒトの言語能力を解明しようという試みは，生物学にその端を発している．具体的に言えば，人間言語の知識とその使用は，大脳の中枢神経系（もしくはその一部分）によって支えられていることは，今や自明のことといってよいであろう．脳と言語の問題は，言語科学（ここでは形式統語論）と神経科学の両分野にとって共通の，かつきわめて重要な問題である．本章では，この領域が取り扱うべき問題の一つである，脳損傷後におこる言語の障害について，とくに構文の理解にみられる障害に焦点を絞って，これまでの研究成果を概説する．

　このような研究は，行動神経科学の一分野と見なされるかもしれないが，言語，特にその規則的な形式システムにもとづいた行動を研究していることを考えれば，それは，言語学の理論的問題に直接関連してくる．

　本章では，まず，言語の病理学的な現象へのアプローチを紹介し，最近の実験研究の成果を概観する．次に，それらの現象が理論的にどのように説明できるのかを検討したうえで，失語症のデータが統語理論に対して与える影響について考察する．最後に，比較言語学的視点からみた脳と言語の問題を，とくに日本語の失語症に言及しながら整理し，今後の課題を検討する．

3.1 統語理論と神経系との対応づけ

神経系と統語解析(時間に依存したあらゆる複雑な行動といってもよいが)を関係づけるためには，その行動を調べると同時に，それをつかさどっている神経系についての情報を得るための実験方法が必要となってくる．実験をすることで，脳のどの部分が言語のどのような機能を担っているのかを知ることができる．現在広く用いられている方法には，機能的画像法と損傷法がある．

機能的画像法とは，ある行動をしている際に生じる脳の活動をモニターする機械を用いて，その活動のありかを特定する方法である．電位生理学的方法では，その精密度に差こそあれ，言語理解の過程で脳内に生じる電気的な活動(電位)を脳波形として示すことができる(たとえば，Neville et al. 1991)．そのほかの画像法には，脳が局所的に活性化する際に生じる，酸素消費量(血流量)の増加を計測する方法(たとえば，**陽電子放射断層撮影法** positron emission tomography, PET)や，行動に誘発される磁気共鳴の変化を探索する方法(脳磁計 magnetoencephalography, MEG)がある(たとえば，Phillips et al. 1995 を参照)．なお，言語の PET 研究への批判的見解については，Poeppel(1996)を参照されたい．

これらの手法は，精巧ではあるが，かなり高価で，きわめて高度な専門知識を必要とし，安定性や精密度もそれぞれ異なる．さらに，これらの方法では，測定する行動の種類や，被験者に与えられる刺激の種類が著しく制限される．ときには，検査に非常に短い時間しか費やせないこともある．たとえば，PETでは，放射性物質(放射性同位元素)をトレーサーとして被験者の血液中に投与しなければならないので，検査にかかる時間や検査の回数がかなり制限される．また PET は，比較的長い時間(正確な信号を得るためには，約60秒)の活性化を必要とするので，結果として，検査できる課題の種類が極端に制限されるのである．

これらの問題のいくつかは，ほかの技術(例えば，**機能的磁気共鳴画像法** functional magnetic resonance imaging, fMRI)によって，すでに解決されているかもしれない．しかし，統語の解析に関する限り，こうした新しい技術の進展について，われわれが真剣な評価を下すための手助けとなるような研究の

数が，十分にそろっているとは言えないのが現状である（機能的画像法に関するさらなる詳しい情報は，本叢書第11巻第2章を参照されたい）．

言語の機能的な脳構造を調べるには，もう一つの，より伝統的な手法がある．それが損傷法である．この方法の考え方は，脳のある部分が損傷されると，ある機能が不全に陥る．この不全な機能と損傷された脳領域とを対応させることにより，中枢神経系のどの部分が障害された機能をつかさどっていたのかが明らかになるというものである．言語についていえば，さまざまな種類の言語障害のなかでも，よく知られたものに失語症がある．

失語症(aphasia)は1世紀以上にわたって研究され，その成果は，言語と脳の関係についてのわれわれの理解を大いに躍進させてくれた（最近の動向についてはZurif 1995を参照されたい）．さらにここ20年間で，実験方法の開発が進み，次々と新しい発見がもたらされてきている．ここで，そのうちのいくつかを概観していこう．

3.2 統語理解障害の言語学的分析

(a) 統語機能の脳構造への理論的アプローチ

言語の知覚に関する最近の神経学的モデルでは，統語をつかさどる領域は，左半球前頭部あたりに局在し，意味や語彙をつかさどる領域は，シルビウス溝（図3.1）あたりの上側頭回後部周辺に局在していると考えられている（Caplan 1987; Alexander et al. 1990; Damasio & Damasio 1989）．この見解の主要な証拠となっているのは，これらの領域に限局した病変部位をもつ失語症患者を対象とした実験の結果である．**ブローカ失語症**[†]（Broca's aphasia，ブローカ野とその周辺領域の損傷によって生じる言語障害）にみられる理解障害から，文法の分析に関する受容的メカニズムがその領域に関与しており（Zurif 1980; Goodglass 1983; Damasio 1992），**ウェルニケ失語症**[†]（Wernicke's aphasia，ウェルニケ野後部とその周辺の損傷により生じる言語障害）から，その領域が言語機能の語彙・解釈メカニズムにかかわっている（Goodglass & Kaplan 1983; Damasio & Damasio 1992; Zurif 1995）ことが，これまでの調査で分かっている．したがって，おそらくブローカ失語症にみられる文法の障害を「失文法」

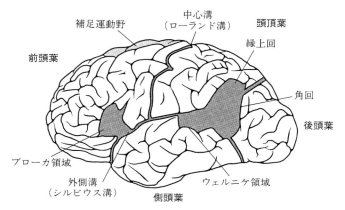

図 3.1　左大脳半球の側面図と主要言語領域

(agrammatism)と呼ぶのがふさわしいのであろう．(ただしこの名称は，歴史的には，ブローカ失語症患者の発話にみられる文法上の逸脱現象に由来するものであり，この現象自体はたいへん興味深い研究課題ではあるが，この章の目的からははずれるのでここでは触れない．この現象の最近の比較言語学的取り扱いに関しては，Fridemann & Grodzinsky 1997 を参照されたい)．

　ただ，もっと注意深く検討してみると，これらの実験結果はそれほど決定的なものではなく，ときには矛盾しているように見えることもあった．たとえば，ウェルニケ失語症患者が統語理解について何らかの障害を示すこともあれば(Zurif & Caramazza 1976; Shapiro et al. 1993)，また，ブローカ失語症患者が，統語能力の受容面を調べる課題(たとえば，受動文の理解)には失敗してしまうが(Caramazza & Zurif 1976)，別の課題(たとえば，文法的な逸脱文の判断)は難なくこなせたりもした．これらの結果は，それを文字通り受け取るならば，(ウェルニケ領域でなく)ブローカ領域が受容的な統語機構を支えている，というモデルに重大な疑問を投げかけることになった．

　しかし，このモデルも，いくつかの条件をつければ維持することができた．たとえば，ウェルニケ失語症患者が統語理解の検査の際におかす失敗には，一貫性がなく，さらに個人差があり(Zurif & Caramazza 1976; Shapiro et al. 1993; Zurif 1995)，それ自体あまり重要視されなくなった．一方，ブローカ失語症については，得られた証拠に含まれる矛盾に折合いをつける方向に動いて

いった.つまり,統語能力というものを検査の課題ごとに分類して,「統語的理解力は障害されている」(Martin et al. 1989)が,「文法性の判断力は保持されている」(Linebarger et al. 1983)というような主張に収束されていった.

　神経学的アプローチに共通していることは,機能的欠損の性質にこだわらない大まかな態度であった.というのは,当時は,脳の機能の局在化というテーマが言語学的問題よりも重要であり,言語学的な区別は,形式と意味という大雑把なもので十分と考えられていた.つまり,実験で用いられる言語刺激のより詳細な構造的特徴というものには,それほど注意が払われていなかったのである.したがって,失語症の実験結果のこのような解釈と,さらには**事象関連電位**(event-related potentials, ERP)による研究(Neville et al. 1991; Kluender & Kutas 1993; Münte et al. 1993; Friederici 1995),および機能的画像法を用いた研究(Bookheimer et al. 1993; Stromswold et al. 1996)からのさらなる裏付けもあって,上記の神経学的モデル,すなわち統語をつかさどる領域は左半球前頭部あたりに,意味や語彙をつかさどる領域は上側頭回後部周辺に局在化しているという仮説が受け入れられてきたのである.

　事実,複雑な言語刺激のタイプを詳細に区別することはかなり難しく,それゆえに,機能的画像法を用いての実験は,少なからず制約を受けてしまう.また,多くの損傷研究は,検査している構文のタイプを区別しないで,複雑な文法体系をひとまとめにして扱っている.このような要因が,これまで見てきた実験結果があきらかに一貫性を欠いている,ということの原因になっているのかもしれない.別の言い方をすれば,実験結果の見かけ上の矛盾は,刺激文の構造上の特性を詳細に考慮に入れてはじめて,解消できるのである.

　この考え方にたつと,新しい,別の解釈が生まれてくる.つまり,ブローカ失語症は(たぶん,ウェルニケ失語症も),受容的文法機構(特に,統語)に「選択的」な障害をもたらすものであり,(発話における明らかな問題に加えて)統語モジュールの中の,しかもその下位モジュールだけにその影響を及ぼす,というものである.この見方では,実験結果におけるさまざまな矛盾は,見かけ上のものにすぎないし,いったん正しい言語学的区別がなされれば,その矛盾は消え去る.この見方は,いままでのデータをより良く説明することができるうえに,さらにそれによって,脳の中での言語処理過程でそれぞれの言語野が果たす役割について,より厳密に捉えることが可能になった(このア

プローチを擁護する文献として Grodzinsky 1986, 1990, および Fromkin1995, Grodzinsky(ed.)1993 に収録されている各論文を参照されたい).

　このような考え方が,言語の神経学的研究に対して示唆することを,過小評価してはいけない.(全体ではなく)部分的に障害を示すデータを検討することによって,脳と言語の対応づけの理論は,より精鋭化される.さらに,今日われわれは,数多くの種類の構文を用いていろいろな方法で検査するという,実験言語学的アプローチを取らざるを得ないような状況になっているのである.現状では,機能的画像法や電位生理学的方法では,詳細な言語学的差異を精密に検査することは難しいという本質的な限界を考えると,われわれは,ほとんど全面的にと言っていいほど,失語症の研究に頼らざるをえない.なぜならば,失語症の研究によってこそ,言語の最もきめ細かい側面とそれらの神経学的基盤の検査が可能になるからである.

(b)　統語上の移動がなぜ重要なのか

　失文法失語症患者の文法能力を検査してみると,彼らは,文法体系の下位モジュールが統括する構文は,そのほとんどが保持されているかのように見える.唯一の明らかな例外,それは,1960年代後半に実験研究が始まって以来ずっとそうであったが,統語上,移動のある構文だった.つまり,移動によって派生した構文だけは,失文法患者にとって,理解するのがきわめて難しいのである.

　当時,入手可能な証拠は限られていたが,そのほとんどは,「文と絵の照合」検査での患者の成績だった.その検査は具体的には,文章を聴いて,目の前に置かれている複数の絵カードの中から,聴いた文章の内容に合う絵を選ぶというもので,患者が,文中の名詞句に正しく意味役割を付与できるかどうかを評価するものだった.また,検査された構文のタイプも限られており,能動文,受動文,主語分裂文,目的語分裂文,目的語関係節文などであった(Goodglass 1968; Caramazza & Zurif 1976; Schwartz et al. 1980; Ansell & Flowers 1982).さらにそれを補う証拠として,文法的に逸脱した文を用いて失文法患者に文法性判断テストを行なったもの(Gardner & Zurif 1975; Grossman & Haberman 1982; Linebarger et al. 1983; Goodenough et al. 1977)や,階層的クラスター分析を試みたもの(Zurif & Caramazza 1976)などがあった.

このような状況のもと，さらに 1980 年代初頭に論争の的だったテーマが，失文法失語という症候群は理解と産出の両方にまたがる障害なのかどうかだった，ということも相まって，研究者たちが最初に試みたことは，一つの記述的一般化によって，そしてそれは，すべてのモダリティに関わってくるのだが，その一般化によって失文法の文法的逸脱のすべての側面を捉えようというものであった．ちなみに，ここで言う言語の**モダリティ**(modality)とは，話したり，聞いたり，読んだり，書いたり，復唱したりという，実際の言語活動（言語運用）のことを指し，言語知識とはレベルを異にする．具体的には，言語の知識に基づいて，それらの活動が行われていると考える．

いずれにしても，彼らが期待していたのは，発話，聞き取り，読み書きといった行為における保持や喪失のパターンが，一つの同じ一般則のもとにまとめられるということだった．したがって，研究者たちは，失文法障害の統一的な分析とでもいうような一般則を得るために，かなりの努力を払った．

最初の提案というのは，S 構造における非語彙的な終端記号は，空範疇や，性，人称，数といった ϕ 素性の一致も含めてすべて失文法失語の文法表示では指定されない，というものであった．この提案では，失文法患者が文を発話する際に，屈折要素やその他の機能範疇の要素を置き換えたり省略したりするという障害をうまく説明できると考えられた．さらに，彼らの文法には空範疇とその先行詞との関係をしめす指標がないので，移動した要素とそれが本来あった位置とを関係づけることができなくなり，要素の移動を含んだ文は理解しにくいという問題も，同時に説明できると考えられた (Grodzinsky 1984a, 1984b; Zurif & Grodzinsky 1983)．

しかし，この結論は楽観的すぎることがすぐに判明した．その説明は弱すぎるばかりでなく，強すぎることも明らかになった．なぜ弱すぎるかというと，非語彙的な終端記号のすべてが指定されない S 構造表示という考え方は，機能範疇の中でも保持されている要素を排除してしまうからである（たとえば，Friederici 1982, 1985）．また，なぜ強すぎるかというと，文産出や文理解のようなモダリティを越えて一般化しようとする試みは，少しのデータと重要な言語学的区別がもっともらしく説明されてはじめて成功しうるものであるが，実際にはうまくいかなかった．これにより，選択的な障害のパターンは，前述の説明が許すよりも，はるかに複雑でしかもより深刻なものであることがわかっ

たのである．

　このような試行錯誤の末にたどりついた失語症研究の第2期では，モダリティを区別し，2種類の記述的な説明，つまり発話に関するものと理解に関するものを，それぞれ別個に提案した(Grodzinsky 1986，さらに詳細は Grodzinsky 1990 を参照)．当然のことだが，こうした動きの行き着くところは，失文法失語症が文理解および文産出の両方にまたがる障害であるという主張を少なくとも当面の間は諦めて，それぞれのモダリティにおける障害について別々の説明を試みるというものであった．

　これ以降，実証的な研究の成果が数多く報告された．そして，失文法患者の検査で使われる統語構造の種類をふやすことにより，また患者が行う検査課題を多様化することにより，失語症患者の言語運用のもとになっている文法的基盤に関する新しい証拠が次々と生み出されてきた．このような証拠は，統語における移動が，文の理解に障害をもたらすまさに主要な要因であることを強く示唆している．というのは，それらの証拠によると，失文法患者は，統語に関係するあらゆるモジュールにおいて，一部の例外である統語的移動を除いて，健常者と何ら変わらぬ言語運用能力を示しているからである．それらの証拠は，おおまかには次のようなものである．以下，普遍文法で提唱されている統語モジュールごとにみていく(これらのモジュールの詳細については，第6巻第3章を参照されたい)．

句 構 造

　失文法患者は，文理解と文産出の両方において句構造の知識を保持している．文産出においては，失文法患者は基本的な文構成に違反しないような文を発話しているようである(Lapointe 1985; Berndt et al. 1986)．この状況でさらに重要なことは，失文法患者は，文理解においても，たとえば能動文のような文の内部に依存関係を含まない文の句構造は，何の問題もなく構築できるのである．さらに，(1)の例文にあるように述語の項構造に即した統語表示をそれぞれ構成することができるし(Shapiro & Levin 1991, Shapiro et al. 1993)，(2a)や(2c)のような句構造規則の違反もほとんど正しく探知できる(Linebarger et al. 1983a)．

(1)　a.　The old man exhibited the toy.
　　　　(その老人はおもちゃを見せた．)

  b. The old man sent the toy to the girl.
   (その老人はおもちゃを少女に送った．)
  c. The detective discovered the secret.
   (その探偵は秘密を発見した．)
  d. The detective discovered that the man was crazy.
   (その探偵は男が狂気であることが分かった．)
  e. The detective discovered what a fool he had been!
   (その探偵は彼がなんとおろかな男だったか分かった．)
  f. The detective discovered why the man was crazy.
   (その探偵はなぜその男が狂気だったのか理解した．)
(2) a.*The paper was full mistakes.
  b. The paper was full of mistakes.
   (その論文は間違いだらけだった．)
  c.*The gift my mother is very nice.
  d. The gift for my mother is very nice.
   (母への贈り物はとても素敵だ．)

また，それほど決定的とはいえないが，患者は文を発話する際に，埋め込み文をつくる能力も保持しているようである(これに対する反論に関しては，Hagiwara 1995 を参照されたい)．

語彙的特性

失文法患者は，文理解において語彙的障害は何もない．彼らは，(3)にあるような下位範疇化の違反を探知できるし(Linebarger et al. 1983a)，問題となっている項構造を処理する際にも，それに費やす時間は健常者と同じである(Shapiro & Levin 1991, Shapiro et al. 1993)．また，(4)のような文章においてscale(うろこ，秤)という多義語の処理をともなう課題も正常にこなす(Swinney et al. 1989)．

(3) a.*He came my house at six o'clock.
  b. He came to my house at six o'clock.
   (彼は 6 時に帰宅した．)
  c.*I want you will go to the store now.
   (私は貴方に今お店に行ってほしい．)

d.*I hope you to go to the store now.

（私は貴方が今お店に行くよう望む．）

(4) a. The dinner guests enjoyed the river bass, although one guest did get a scale caught in his throat.

（夕食に招かれた客たちはスズキを楽しんだ．一人の客はうろこが喉につかえたが．）

θ役割付与

失文法患者は，θ役割†付与の能力についてはまったく正常である．これは，失文法患者が，単純な構造でのθ役割付与を伴う文理解課題において，正しい解釈を示すことからも明らかである（具体例は Schwartz et al. 1987 を参照されたい）．それに加えて，彼らは，"*Anne is a lawyer a doctor" のようなθ基準に違反するような文は決してつくらない（Lapointe 1985）．

格付与

失文法患者は，格付与の能力をほぼ完全に保持している．このことは，いくつもの言語で文容認性判断や文理解の研究で何度も示されてきた（具体例は Lukatela et al. 1988, Shankweiler et al. 1989, Linebarger et al. 1983b などを参照されたい）．

以上のことから分かるように，これらの失文法患者では，文理解における基本的な文構造は，事実上すべて保持されているようである．さらに，失文法では普遍文法の他の原理に何ら障害がないという事実とも重なって，研究者たちはほとんど 50 年の長きにわたって，この症候群では，文の理解には何ら問題がないと信じてきたのであろう．しかし，いったん依存関係を考慮に入れると，事態は豹変する．次に，そのような依存関係について見ていく．

束縛理論

失文法失語では，束縛関係の形式的な側面は保持されている．たとえば，次の例文は(5b)を除いてすべてよく理解できる（Grodzinsky et al. 1993, Crain & Shankweiler 1985, Avrutin, 近刊を参照）．

(5) a. Is Mama Bear touching herself?

b. Is Mama Bear touching her?

c. Is every Bear touching herself?

d. Is every Bear touching her?

失文法患者が，(5b)の文で代名詞 her とその先行詞の依存関係を把握できなくても，それは，先行詞が同一文中ではなくそれ以外，たとえば，前に述べられた文中にあるというような談話に関連した要因によるものであり，束縛理論そのものとは関係がないのである(Grodzinsky & Reinhart 1993, Avrutin, 近刊)．(Grodzinsky と Reinhart は，子供と失文法患者が言語を理解する際に，同一指示の要素を関係づけるときに生じる問題を議論した．そして，子供と失文法患者の文法に観察される同じ問題は，統語モジュール自体に直接関係するのではなく，むしろ，二つの表示を同時に適用し，その表示に対する計算を行なう役割を担っている処理部門に関係があると主張している．Avrutin は，談話表示理論(discource representatinal theory)の観点からこの主張を練り直そうとしている．)

統語にかかわる普遍文法の他の原理

上記の項目以外の他の原理，たとえば，境界理論や制御理論などは，これまでほとんど体系的には調査されてこなかったので，それに関するデータは今のところない．

移　動

失文法患者の文理解の能力が保持されていることを示唆しているこれまでの結果とは反対に，失文法患者は，移動によって派生された構文の理解にはかなり深刻な問題を抱えている．(ここで，理解の基準として用いられる用語について簡単に説明しておく．チャンスレベルの成績とは，ある検査課題において偶然に正答する確率のことを指す．(6a)を例にとると，実験では「少年が少女を押している絵」と，「少女が少年を押している絵」の2種類を患者に見せて，文を聴かせる．そしてどちらの絵が聴いた文の内容を正しく表しているかを選んでもらうという検査をする．この課題では，患者が偶然に正答する確率は50％である．実際には，各々の文タイプについて，それぞれ10文ほど検査し，そのうち5文前後には正しい方の絵を選び，残りの5文ほどには間違った絵を選ぶ回答のパターンを，チャンスレベルの成績という．この場合，患者は正答した文について，その内容が分かっていたわけではなく，当て推量で答えて正解しただけである．チャンスレベル以上の成績とは，正解した文の数の方が有意に多いので，患者は当該構文の内容をきちんと理解しているとみなされる．後で話題になるが，チャンスレベル以下の成績とは，間違った絵を選んでいる文の数の方が有意に多いことになり，これは，患者が当該構文の内容がまった

く分からないわけではなく，何らかの要因が作用して，常に誤って解釈していることを示す．)

(6) チャンスレベル以上の成績を示す構文
    a. The girl pushed the boy.
      (その少女はその少年を押した．)
    b. The girl who pushed the boy was tall.
      (その少年を押した少女は背が高かった．)
    c. Show me the girl who pushed the boy.
      (その少年を押した少女を私に見せてください．)
    d. It is the girl who pushed the boy.
      (その少年を押したのは，その少女である．)
    e. The boy was interested in the girl.
      (その少年はその少女に興味があった．)
    f. The woman was uninspired by the man.
      (その女性にとって，その男性は退屈だった．)

(7) チャンスレベルの成績を示す構文
    a. The boy was pushed by the girl.
      (その少年はその少女に押された．)
    b. The boy who the girl pushed was tall.
      (その少女が押した少年は背が高かった．)
    c. Show me the boy who the girl pushed.
      (その少女が押した少年を私に見せてください．)
    d. It is the boy who the girl pushed.
      (その少女が押したのは，その少年である．)
    e. The woman was unmasked by the man.
      (その女性の正体はその男にはわかっていた．)

(6)にある文は容易に理解できるが，(7)にある文は，理解するのが難しい文である．興味深いことに受動文は，(6e, f)と(7a, e)にみられるように両方の分類にまたがっており，非常に重要な働きをする．後で詳しく述べるが，文理解課題において，患者が成功したり失敗したりするのを決定づける要因というのは複雑で，その障害の性質は，いろいろな種類の情報の相互作用によってはじめ

て説明できるものである．したがって，ここでは，そう簡単に捉えられるものではないということだけ，分かっておいていただきたい．

さて，事実にもとづいた実験結果に話を戻すと，移動によって派生された構造を処理するときに，失文法患者は健常者よりもよけいに時間がかかっている(Shapiro et al. 1993)．また，時間的制約を課したほかの検査でも，この種の構文には明らかに障害がみられることがわかっている(Zurif et al. 1993)．したがって，失文法患者の文理解力は，文法のあらゆる側面において，それが基本的な関係だろうがより複雑な依存関係だろうが，保持されているようである．ただ統語上の移動を含む場合だけが唯一の例外である．

(c) 痕跡削除の仮説

痕跡削除

これまで見てきた実験結果を説明するために，**痕跡削除の仮説**(trace-deletion hypothesis, TDH)が提案された．それは，失文法では，移動で生じた**痕跡**(trace)のすべてが，S構造表示から削除されるというものである．痕跡が削除されてしまうと，移動した要素(名詞句)にθ役割は伝わらない．というのも，痕跡と(おそらく，中間痕跡も含まれるが)その先行詞が形成する連鎖(chain)を介して，θ役割が伝達されるからである．したがって，移動した名詞句にはθ役割がないことになる．

痕跡削除の仮説が，痕跡を含んでいる構造は障害されるがそれ以外の構造は保持される，と予測することで，われわれは，当該データを分割するための形式的な説明手段を得たのである．しかし，単なるデータの分割だけでは不十分なことは明らかであった．なぜならば，それは説明力を欠いていたからである．失文法患者にとってどのような構造が問題となっているのかは，痕跡の削除によって予測できるが，彼らの実際の文理解における成績の比率は，痕跡の削除だけからでは演繹的には導かれない．痕跡の削除という考え方は，失文法の文法では，どうして移動した要素にθ役割が伝わらないのかを説明してはいるが，なぜ失文法患者が，他の手に入る情報(述語の項構造から，もう一つの名詞句にはθ役割が直接的に付与されるということ，Grodzinsky(1990)の第5章を参照)をもとにして，消えたθ役割を推測できないのかということを説明していないのである．さらに，以下で見るように，最近の文法理論を仮定する

と，痕跡削除の仮説は，当該データを正確に分割さえしないのである．

デフォルト・ストラテジー

この状況を改善するためには，(7)に示した受動文，目的語関係節文，目的語分裂文における，チャンスレベルの成績を導き出すためのある前提が必要だと考えられた．それは次のようなものである．移動した要素は，痕跡削除のためθ役割をもたないが，文中では名詞句が何らかのθ役割をもたないとその意味解釈が成り立たない．そこで，移動した名詞句には，あらかじめ設定されている基準の値であるデフォルト値によってθ役割が与えられると考える．すなわち，非言語学的な，一般認知的なストラテジー（これは，Bever(1970)の有名な提案や，派生名詞における by 句の目的語に関する Jaeggli(1986)の提案ともいくぶん類似しているが）によって，文中における線状の位置にもとづいて，θ役割のない名詞句に，デフォルトのθ役割を付与するのである．これを**デフォルト・ストラテジー**という．

たとえば，次の例文をみてみよう．

(8) The girl pushed the boy.

(9) The boy was pushed t by the girl.

　　　　連鎖

失文法患者がチャンスレベルの成績を示す(9)の動詞受動文(verbal passive)では，対応する能動文(8)の主語に相当する斜格の目的語，つまり by 句の名詞句である the girl に正しく「動作主」が付与される．ここで重要なことは，このθ役割の付与には，統語的移動がともなっていないので，いかなる連鎖も，このθ役割の付与には関与しないことである．それゆえに，失文法患者は by 句の名詞句には適切にθ役割を付与することができる．これとは対照的に，受動文の主語 the boy は，もとの目的語の位置から移動して派生し，その位置に残した痕跡(t)と連鎖によって結びつけられる．この連鎖がθ役割が伝わる道筋になる．しかしこの操作は，失文法の文法では痕跡が削除されているため起こり得ないので，受動文の主語は，文法内の規則によってはいかなるθ役割も付与されない．まさにこの時点で，（非言語学的な）デフォルト・ストラテジーが働き，それが文頭の主語名詞句に「動作主」を与えて，結果として，(9)の動詞受動文は二つの「動作主」の意味役割表示をもつことになる．失文法患者は，

動作の動作主を独自には決定することができないので，推測を余儀なくされ，チャンスレベルの成績となるのである．文理解に障害のない構文は，いかなる痕跡も含まないので，当該データが正しく示すように，患者がそれらを理解するには何ら問題が生じないのである．

　以上をまとめると，これまでみてきた構文について失文法患者が示した文理解の正答率は，すべて痕跡削除とデフォルト・ストラテジーを仮定することによって説明できる．患者の成績は，意味役割の「競合」あるいは「補充」のどちらかによって導き出されるのである．まず，デフォルト・ストラテジーは，必ず「動作主」を文頭の名詞句へ付与する．移動した要素がそのθ役割と結びつけられると（(7)の受動文・目的語関係節文・目的語分裂文などの場合），「動作主」が付与される．失文法の文法での意味役割表示には，文法の規則によって付与されたもう一つの「動作主」が存在するので，その二つの「動作主」は競合し，その結果，失文法患者はチャンスレベルの理解の成績を示すことになる．一方，移動した名詞句がもともと「動作主」である場合には，このθ役割は，痕跡削除のため通常の方法では痕跡を介して付与されないが，デフォルト・ストラテジーによって文頭の名詞句へ「動作主」が付与されることによって，結果として正しい意味役割が与えられることになる．

　このストラテジーが妥当であることを示す直接的な証拠として，心理動詞を用いた別の実験結果がある(Grodzinsky 1995a)．(10)のような心理動詞を用いた文で，失文法患者は，対応する能動文は正しく理解するのだが，受動文に関しては，チャンスレベルより低い10%前後という正答率を示した．この結果は，動詞が「動作主」をもち，移動によって派生した構造をもつ文に，患者がチャンスレベルの成績を示したのとまったく対照的である．（これに関連して考慮すべきもう一つの研究は，Hagiwara(1993b)である．この研究では，日本語の心理動詞が議論され，失文法患者の心理動詞に関する理解のプロセスが詳しく調べられている．この研究の結果は，英語のものとまったく同じというわけではないが，英語と日本語の構造的な違い，およびデフォルト・ストラテジーの働き方が英語と日本語とでは異なるという可能性も考慮して考えなければならない．同様に，Berettaら(1996)によって得られた結果もたいへん興味深い．彼らは，スペイン語の移動によって派生された受動文と基底生成によって生じた受動文を研究し，失語症状の対照言語学的研究の道を切り開いている(Grodzinsky 1998を参照).)

(10) チャンスレベルより低い正答率
　　　The girl was admired by the boy.
　　　(その少女が，その少年に賞賛された．)

動作受動文と心理受動文との間の，こうした驚くべき正答率の違いは，健常者とは異なる，失文法患者の文法に特有な意味役割表示を生じる「動作主」優先のストラテジーを用いてはじめてより良く説明することができる．

次に，いくつかの構文の意味役割表示について，健常者の場合と失文法患者の場合とを示す（DS はデフォルト・ストラテジーによる付与）．

(11)　失文法患者の文法における意味役割の表示　　健常な文法での意味役割表示
　　a. [$_{IP}$ The man$_i$ is [$_{VP}$ t_i pushing the woman]]
　　　　動作主(DS)　　　　　　　　　　対象　　　　　　　　　〈動作主，対象〉
　　b. [$_{IP}$ The woman$_i$ is [$_{VP}$ t'_i pushed t_i by the man]]
　　　　動作主(DS)　　　　　　　　　　　　　　　動作主　　　　〈対象，動作主〉
　　c. [$_{IP}$ The man$_i$ is [$_{VP}$ t_i hated t_i by the woman]]
　　　　動作主(DS)　　　　　　　　　　　　　　　経験者　　　　〈対象，経験者〉

(11a)は能動文であるが，VP(動詞句)内の主語が痕跡を残して IP(屈折辞句)の指定部へ移動している(Koopman & Sporitche 1991; Kuroda 1988; Kitagawa 1986 らによって提案された動詞句内主語仮説，すなわち主語が VP 内に基底生成され，痕跡を残し，IP の指定部へ移動するという主張を支持する多くの関連文献を参照されたい)．痕跡削除の分析があれば，(11a)の主語はその θ 役割を通常の方法では受け取ることはできない．しかし，問題の名詞句 the man は文頭にあるので，デフォルト・ストラテジー(DS)でこの欠損の埋め合わせができる．そして，健常者の文法の意味役割表示と失文法患者の文法のそれは，結果として同じになる．

一方，(11b)は状況が異なる．この文は，連鎖〈woman, t', t〉をもち，t は主語 the woman のもとの位置に相当する．t' は，主語 the woman が主語位置(IP の指定部)に移動する前に最初に動いていく VP 内の主語の位置である(この移動の効果に関する VP 削除からの議論については，Burton & Grimshaw (1992)を参照)．仮説によると，これら二つの痕跡は削除されてしまうので，主語は θ 役割をもたない．その結果，その主語にはデフォルト・ストラテジーが適用され，the woman には「動作主」の θ 役割が付与される．一方，by 句

内の名詞句 the man には前置詞 by によって「動作主」が付与される．同じ意味役割をもつ二つの名詞句が存在することになり，患者は当て推量で解釈すると，結果としてチャンスレベルの成績となってしまうのである．

(11c)では，さらに別な状況が存在する．というのも，(11c)の by 句の名詞句 the woman の θ 役割は「経験者」であり，それは主題階層上，「動作主」よりも下に位置する．**主題階層性**(thematic hierarchy)とは，それぞれの意味役割が認識論上，同等の性質をもつのではなく，それぞれに差異があり階層を成していると考える．高い位置にあるもの，つまり卓越したものから順番に，「動作主」「経験者」があり，その下の位置に「道具格」「起点」「着点」「原因」などがあり，最も低い位置に「主題」があると仮定されている．この文の意味役割表示は「動作主」と「経験者」になるが，この二つの θ 役割は同じではないので，これまで見てきたような「競合」はおこらない．主題関係の階層的性質を仮定すれば，受動文の主語 the man は，「経験者」より卓越した「動作主」の意味役割をもつことになる．そしてそれゆえ，失文法患者は，θ 役割を推測するというよりは，むしろ，θ 役割を逆転させることを余儀なくされ，常に誤って解釈してしまうことになる．(11c)と同じタイプの文である(10)のチャンスレベル以下の成績は，このように説明できるのである．このことは，文解釈の段階で，名詞句にしか適用しないような，きわめて局所的なストラテジー(デフォルト・ストラテジー)が妥当なものであるという見解が，経験的にも正しいということを示している．

(d) 文法性判断による結果

ちょうどいま概観した実験結果は，痕跡削除の仮説に対してかなり確固たる経験的証拠となりうる．しかしそれは，ただ一つの視点，つまり，文理解の直接的な検査という視点からのものにすぎない．痕跡削除の仮説は，もっと広範な現象も説明できる可能性を秘めている．一例をあげると，痕跡は，統語的移動に対する制約の操作にも関与しており，表示から削除されているので，失文法患者は，痕跡が直接関わっている文の非文法性は判断できないだろうと予測される．もし，そうした実験結果が得られるならば，痕跡削除にともなって生じる障害は，特定の文法モジュール，つまり θ モジュールから生じているのでなく，実は表示における障害である，という主張に対して強い支持を与える．

こうした背景のもと，われわれは最近，失語症患者の文法性の判断を詳しく調査した．調べた構造は，移動に対する制約に違反した実験文と，その他の統制文を含んでいた(Grodinsky & Finkel 1996)．まず最初に，NP 移動と WH 移動に対する制約に違反した文に，失語症患者がどのように反応するかを検査した．非文法的な文には，対応する文法的な統制文をそれぞれ提示した(表 3.1 の条件 1〜4)．われわれはさらに，失語症患者が主要部移動に対する制約の違反を探知する能力があるかを調査し(表 3.1 の条件 7, 8)，その能力についての独立した証拠，つまり，失文法患者が主要部移動の痕跡を表示できるという証拠を得たのである(特に Lonzi & Luzzanti 1993 を参照)．また，われわれは，他の文法原理に違反した文(表 3.1 の 5, 6)を統制文として検査し，患者がその課題をこなすことができることを確かめた．

われわれの実験結果から，障害がごく限られたものであることが分かった．特定の種類の構造，つまり，句レベルの移動を伴う構造だけ(条件 1〜4 の A 連鎖および A' 連鎖)が障害されていた．患者は，その移動のある文それぞれについて約 40% も誤って判断したのだ．ところが，他の条件文すべて(条件 5〜8)には問題がない．彼らは，これらの構文については，10% ほどの誤答しかなかったのである．

ブローカ失語症患者に対するこのような検査結果は，文理解に関する先行実験の結果と首尾一貫しており，また痕跡削除の仮説とも一致している．(文法性判断と文理解において)主要部移動が保持されていることは，障害が，統語変形のすべてのタイプにわたっているのではないことを示唆している．厳密にいえば，その障害の原因は，相対化最小性(relativised minimality)のような，文法操作に対する一般的な制約や，あるいは，最小性(minimality)に関する他のどんな原理にも求めることができない(これらの概念については，第 6 巻第 4 章を参照されたい)．というのは，そのような原理の内部にあるすべての操作が障害されているわけではないからである．このような一般的な原理が保持されていることから，われわれは，つぎのような結論を導くことができる．つまり，障害の在処は，文法内の原理ではなく，**統語的な表示**にあるのである．統語的分析を表示するための媒介が壊れてしまい，その結果，受容的なあらゆる言語活動(文理解，文法性判断，オンライン課題などすべて)において，空範疇を表示することができなくなってしまうのである．

表 3.1　刺激文の例

条　件	文　法　的	非　文　法　的
1. NP移動	It seems likely that John will win. （ジョンが勝ちそうに思える．） It seems that John is likely to win. （ジョンが勝ちそうに思える．） John seems likey to win. （ジョンが勝ちそうに思える．）	*John seems that it is likely to win.
2. WH移動/ 　that痕跡	Which woman did David think John saw? （デビッドはジョンがどの女性を見たと思ったか．） Which woman did David think that John saw? （デビッドはジョンがどの女性を見たと思ったか．） Which woman did David think saw John? （デビッドはどの女性がジョンを見たと思ったか．）	*Which woman did David think that saw John?
3. 優位性	I don't know who saw what. （私は誰が何を見たか知らない．）	*I don't know what who saw.
4. 付加部/ 　補部	When did John do what? （ジョンがいつ何をしたのか．）	*What did John do when?
5. 空　所	Who did John see? （ジョンは誰を見たのか．） Who saw John? （誰がジョンを見たのか．）	*Who did John see Joe? *Who John saw Joe?
6. 補　部	The children threw the football over the fence. （子供たちがサッカーボールを塀の上に投げた．）	*The children sang the football over the fence.
7. 助動詞の 　位置	They could leave town. （彼らは町を去ることができた．） Could they leave town? （彼らは町を去ることができたのか．） They could have left town. （彼らは町を去ることができただろう．） Could they have left town? （彼らは町を去ることができただろうか．） They have left town. （彼らは町を去ってしまった．） Have they left town? （彼らは町を去ってしまったのか．）	*Have they could leave town?
8. 否定	John has not left the office. （ジョンは事務所を去っていなかった．） John did not sit. （ジョンは腰掛けなかった．）	*John did not have left the office. *John sat not.

　さらに，われわれの実験結果から，失文法の欠損が文法の意味役割に関する部分や痕跡の分布を支配する部分に限られているわけではなく，多様なモジュールと相互作用しあうものであるということが明らかになった．したがって，唯一損傷されている部分は，いろいろな文法関係が計算されて各種の制約が満たされるような表示をつくり出す媒介にあるといえよう．この見解を支持するさらなる証拠がある．Zurif et al. (1993) と Swinney & Zurif (1995) は，失文法失語症患者は，空範疇をともなう文処理作業を，健常者がやるようには行えな

いということを明らかにした．彼らの実験結果は，これまで見てきた結果と同様に，失文法の障害は，文法（またはその他の）知識によるというよりも，表示的をつくり出す媒介にあるという主張を，さらに裏づけるものといえよう．

　さらに，今まで概観してきた一連の先行研究の結果とそれらに対する一般化をもとにすると，左半球前頭葉の皮質が統語的処理に関与している，との結論を導くことができる．その皮質は，われわれが知るかぎり，統語における移動規則によって記述できるような依存関係に決定的に関わっている大脳の領域である．この結論は，先行研究にみられるいかなる主張よりも，かなり厳密なもの，しかも経験的に裏付けされたものであり，行動神経科学と関係あるばかりでなく，言語学に対しても広範囲にわたって影響を及ぼすものである．次に，そのことについて考えていく．

3.3　失語症と言語理論

（a）崩壊適合性

　本章の課題のところで述べたように，言語は自然現象である．したがって，文法の知識というものが，生物学的な特性を持つとすれば，何らかの形で脳の中に実在しなければならない．もし文法に障害がみられるならば，つまり，病理が，言語のなかでも文法という側面に選択的に現れるのならば，その選択的な障害のパターンというのは，文法理論に沿った形で現れるに違いない．このような見方をすれば，文法理論の内部構造は，脳の中に何らかの形で反映されることになる．言い換えれば，すべての言語学的モデルは，言語障害の理論を暗黙のうちに遂行するものでなければならない．というのは，障害と保持の可能なパターンと不可能なパターンは，言語理論の中身によって説明できなければならないからだ．したがって，もし文理解にみられる障害の特徴がかなり精密で，さらにそれが理論的に興味をそそるような形で障害されているならば，そのデータは，言語構造の理論に重要な制約を課すことになるだろう．失語症に見られる言語の崩壊パターンは，文法理論の枠組みで，ごく自然に記述できるはずである．このような観点に立つと，言語理論は話者の言語知識や文法の獲得過程を説明できるのと同じように，言語の選択的な障害パターンをも説明

できるものでなければならない．もし，統語理論が，選択的な言語障害における保持と喪失のパターンを，一般則として記述できるのならば，それは**崩壊適合性**(breakdown compatibility)の条件を満たしていることになる．

　言語理論を失語症のデータに照らし合わせて評価する手順としては，まず，崩壊のパターンが構造的なものかどうかを決めなくてはいけない．もしそうならば，そのパターンについての記述的一般化を行い，それがもたらす帰結とはいかなるものかを検討する．そして最後に，その記述的一般化が，評価の対象となっている統語理論によって説明可能かどうかを調べるのである．このようにみていくと，失語症のデータは，生物学的に可能な文法理論の類を制限するための有効な手段となりうるのである．

(b)　受動文について

　ここまで読んだ読者は，もうすでに，受動文にはいろいろなタイプがあって，失文法患者はそれぞれに異なったレベルの理解度を示すことにお気づきであろう（たとえば(6e, f)と(7a, e)の対比を参照）．一見すると，このような分布には一貫性がないように見えるかもしれないが，実は，それゆえに，失文法失語症は，文法理論の妥当性を検証するための強力な手段となりうるのである．

　統語理論ではなじみの，受動文の的確な記述について考えてみよう．具体例をみてみる．形容詞受動文(adjectival passive)と動詞受動文(verbal passive)の区別は，統語論においては長い間，論争の的だった．数年前，筆者は同僚とともに統率・束縛理論(government and binding theory，以降 GB 理論とする)(Chomsky 1981)で提案されている分析，すなわち，動詞受動文は移動によって派生し，形容詞受動文は語彙的規則によって生成されるという分析が正しいのかどうかを，調べたことがある．

(12)　チャンスレベルの成績を示す構文
　　 a.　The boy was pushed by the girl.
　　　　（その少年はその少女に押された．）
　　 b.　The boy who the girl pushed was tall.
　　　　（その少女が押したその少年は背が高かった．）
　　 c.　Show me the boy who the girl pushed.
　　　　（その少女が押した少年を私に見せてください．）

失文法では，(12a)のような動詞受動文と，(12b, c)のような目的格関係節文が障害されていることが知られている．われわれは，その原因を，失文法の文法では痕跡が表示されないことによるものと結論づけた．

次に，形容詞受動文についてはどうなのか知りたくなった．Bresnan(1982)やGazdar et al.(1985)などの文法理論が主張しているように，もしすべての種類の受動文が語彙的に生成されるのならば，痕跡削除の仮説は誤りであり，障害は(動詞受動文を生成する)語彙規則と(関係節文を派生する)移動規則の両方に及んでいることになる．しかし，もしそうならば，形容詞受動文も障害されているはずである．一方，GB理論が正しくて，障害は痕跡削除のみに限定されているのであれば，形容詞受動文は正しく理解されることになる．それぞれの文法理論における当該構文の取り扱いの違いは，(13)に示す通りである．

(13)

	統率・束縛理論	語彙機能文法および一般句構造文法
形容詞受動文	語彙的	語彙的
動詞受動文	統語的	語彙的
目的語関係節文	統語的	統語的

そこで，われわれは次のような構文について，失文法失語症患者の理解力をテストした．そのうちのいくつかは統制文として提示した．

(14) a. 動作主能動文：The man is pushing the boy.
(その男性はその少年を押している．)
b. 動作主受動文：The boy is pushed by the man.
(その少年はその男性に押されている．)
c. 非反転受動文：The man is untied by the woman.
(その男性はその女性にネクタイを解かれている．)
d. un-受動文：The policeman was unnoticed by the criminal.
(その警察官は犯人に気づかれなかった．)
e. 形容詞受動文：The soldier was enraged at the boy.
(その兵隊はその少年に腹を立てた．)

その結果，失文法患者は，(14b)のような動詞受動文のみに障害があらわれ，

(14a)のような能動文と(14e)のような形容詞受動文は，両方正しく理解できた．これにより，（ほかの理論ではなく）GB理論だけが，次の2点において，「崩壊適合性」の条件を満たしていると結論づけた．一つめは，形容詞受動文と動詞受動文との区別が支持されたことによって，二つめは，空範疇とその先行詞の間の関係を捉える際に，動詞受動文と目的語関係節文に共通する一般化が見られたことによって，である．このように，「崩壊適合性」という概念は，文法理論に対して，無視できない重要なもの，つまり制約として働くものであることが証明された．語彙機能文法(lexical-functional grammar，LFG)や一般化句構造文法(generalized phrase structure grammar，GPSG)の枠組みでは，動詞受動文と目的語関係節文に共通する一般化を捉えることはできない．移動にもとづいた派生を仮定しない理論的枠組みでは，これらの構文は自然の類を成さない．LFGとGPSGでは，形容詞受動文と動詞受動文が，語彙的に生成されると仮定しているのである．

　ここでは，形容詞受動文と動詞受動文を取り上げ，失文法患者ではこれらの構文の理解力に差異が生じるという証拠を示すことにより，二つの一般化を受け入れる文法理論の方が，より妥当性が高いことを示した．そして，神経言語学からのこのような研究成果は，統語機構という言語学で想定されている概念が，生物学的，神経学的にも実在しうるものである，という議論を支持する強い証拠となりうることを示した．これらの実験によって，普遍文法で仮定されている「α移動」のような一般化の存在を強く支持する証拠が得られたのである．これ以降，束縛理論(Grodzinsky et al. 1993)や，連鎖についてのさまざまな理論(Hickok & Avrutin 1996)など，他の事例を取り扱った実験も行われるようになった．今後さらに多くのデータを集めることにより，われわれは，そう遠くない将来，言語構造の神経学的研究と理論的統語論研究のあいだに広がる溝を，着実に埋めていくことができると信じている．

3.4　痕跡削除の仮説の修正：痕跡に基づいた説明

(a)　指示性と談話連結

われわれの一般化を，より信憑性のある精練されたものにするために，他の

3.4 痕跡削除の仮説の修正：痕跡に基づいた説明

構文について，失文法患者がそれらをどのように理解しているのかをさらに検討してみよう．まず，wh 疑問文について考えよう．Hickok & Avrutin (1996) は，4 種類の wh 疑問文について失文法患者にテストしてみた．彼らが用いた疑問文は，(15b, d) のような主語についての疑問文と，(15a, c) のような目的語に関する疑問文の二つに分類される．

(15) 例文　　　　　　　　　　　　　TDH の予測　　　失文法患者の正当率
 a. Who did the girl push t?　　　チャンスレベル以上　チャンスレベル以上
  （その少女は誰を押しましたか？）
 b. Who pushed the girl?　　　　　チャンスレベル　　　チャンスレベル以上
  （誰がその少女を押しましたか？）
 c. Which boy did the girl push t?　チャンスレベル　　　チャンスレベル
  （その少女はどの少年を押しましたか？）
 d. Which boy pushed the girl?　　チャンスレベル以上　チャンスレベル以上
  （どの少年がその少女を押しましたか？）

これらの wh 疑問文の理解について，驚くべき結果が得られた．彼らが検査した 2 名の患者は，痕跡削除の仮説 (TDH) が予測する通り，目的語疑問文 (15a) と主語疑問文 (15d) を理解する際には，チャンスレベル以上の正答率を示し，which ではじまる目的語疑問文 (15c) ではチャンスレベルの成績にとどまった（分裂文については Ansell & Flowers 1982; Caplan & Futter 1986 と，関係節については Grodzinsky 1990 と比較せよ）．しかし，who ではじまる主語疑問文 (15b) の理解においては，痕跡削除仮説の予測に反して，患者はチャンスレベル以上の正答率を示した．(TDH では，一つの NP the girl に「対象」と「動作主」が文法とデフォルト・ストラテジーによりそれぞれ付与され，結果として二つの意味役割が競合して，チャンスレベルになると予測するものと思われる．）

 Hickok & Avrutin の実験は，which 句と what 句との言語学的な差異に着目したものである．which 句は，談話連結 (discourse-linked) 句であり，前の文脈においてすでに言及されている必要がある (Pesetsky 1987 を参照)．たとえば (15c) のような wh 疑問文の場合，何人かの少年が，すでに前の文脈の中で言及されていて，それらの少年のうちの一人が選ばれる，つまり疑問文の答とな

るのである．少年がすでに言及されていないで(15c)(15d)の疑問文が発せられることは(文自体は統語的に正しい構造をなしていても)，談話としては不自然である．したがって，which 句を含む疑問文の理解には，統語に関する情報に加えて，文脈に関する情報が必要となる．これとは対照的に，who 句で始まる疑問文にはそのような必要はない．(15a, b)の疑問文は前提なしで用いられるので，あらかじめ確立された集合体の中から，その答を取り出すことはない．それらの解釈は文中での(統語的かつ語彙的な)情報のみに基づいている．さらに，(「優位性」に関する)他の統語的差異から，次のことが結論づけられる．

(**16**) a. 非談話連結句は数量詞である(そして，CP に付加される)．
b. 談話連結の wh 句は数量詞ではない．

数量詞は指示的ではないので，非談話連結句である who は指示的ではないことになる．一方，談話連結句(which NP)は指示的ということになる．

(b) **指示的ストラテジー**

痕跡は，移動した名詞句にθ役割を付与する際に，仲介的な役割を果たす．削除された痕跡の先行詞はθ役割を持たないので，デフォルト・ストラテジーに従う．したがって，θ役割を持たないすべての名詞句には，純粋に文中の線状的な位置とのかかわりでθ役割が付与されることになる．このようなθ役割の付与は，θ役割を持たない名詞句の本来の文法的役割とは無関係に，無差別に行われる．この理由は何であろうか．

認知的ストラテジーの本質を考えてみよう．一般に考えられているように，認知的ストラテジーとは，経験に基づく帰納的推論である．そのため，ある対象を指し示す語は，いくつかの意味的属性と結びつけられる．ここで重要なことは，言語学的な知識が欠落している場合に用いられるということである(そのような知識がある場合には，認知的ストラテジーは作用しないと考えられる)．このストラテジーは，指示的でない要素には適用されない．(ここでは，指示性という概念は，言語学的な意味合いで用いられている．ある語の指示対象が現実世界の中ではなく，談話という領域の中で要求されている，という用法である．談話の中であらかじめ確立している集合体があって，そのうちのある要素を指す場合に，それは指示的に用いられる，という．Chomsky (1981), Pesetsky (1987), Rizzi (1990), Cinque (1990)などを参照されたい．)(非言語的知識をもとにしての)名詞句と意味役割の

3.4 痕跡削除の仮説の修正: 痕跡に基づいた説明　129

組み合わせは，その名詞句が指示的な表現であるときにのみ成功しうる．このような考え方は，言語の領域で用いられる認知的ストラテジーについての最も自然な解釈であり，ここから次のような再形式化が導かれる．

(17) 指示的ストラテジー (referential strategy)

指示的名詞句が文中で θ 役割を持っていない場合，かつその場合のみ，θ 役割はその名詞句の文中の線状的位置に基づいて付与される．

したがって，非指示的名詞句にはこのストラテジーは適用されない．とりわけ，数量詞に近い性質をもつ非指示的 wh 表現は，そのようなストラテジーの適用外にある．

(c) 再形式化

ここまでの議論をまとめると，失文法患者の文理解の記述について，次のように再形式化することができる (Grodzinsky 1995a)．

(18) 痕跡に基づいた説明

　a. 痕跡削除: θ 位置にある痕跡は，失文法患者の文法表示から削除される．

　b. 指示的ストラテジー: 指示的名詞句が文中で θ 役割を持っていない場合，かつその場合のみ，θ 役割はその名詞句の文中の線状的位置に基づいて付与される．

失文法患者は，主要部移動に違反した文の非文法性を的確に判断できることから，主要部移動による痕跡に関する知識は，失文法の文法では保持されていることがわかった．この事実を考慮すると，痕跡削除が生じるのは，θ 位置のみということになる．

次に，これまでの事実が (18a) の痕跡削除と (18b) の指示的ストラテジーとの相互作用によって説明できることを示す．(15c, d) については，先に述べたとおりである．(15c) では，which boy という名詞句に，ストラテジーによって付与された意味役割 (動作主) と，the girl という主語名詞句に (文法上) 付与される意味役割 (動作主) とが衝突し，そのために正答率がチャンスレベルにとどまったと解釈される．(15d) は主語疑問文であり，もし移動があれば，指示的ストラテジーによって，which boy には「動作主」，the girl には文法上「対象」が付与され，結果として適切な意味役割の付与が行われ，チャンスレベル以上の

成績となる．

　一方，(15a, b)の場合は異なる．whoは非指示的表現なので，指示的ストラテジーは適用されない．したがって，どちらの場合においてもwh句に対してストラテジーによる意味役割付与は行われない．その結果，文法規則により正しく意味役割が付与される．(15a)においては主語the girlに「動作主」，(15b)においては目的語the girlに「対象」といった具合にである．失文法の文法では語彙的知識は保持されていることを踏まえると，残りの意味役割，つまり(15a)では「対象」，(15b)では「動作主」が，それぞれの文で意味役割をもっていない名詞句に推測によって与えられると考えられる．(Na'ama Friedmannが指摘しているように，ここにはもう一つの前提が必要である．すなわち，言語処理機構は，項構造のみならず統語論の要求も満たす適切なデータの構造すべてを説明できるような方法で，この意味役割を推測することができる，という前提だが，これは重要かつ説明力のあるものだ．）これにより，チャンスレベル以上の正しい理解が予測され，結果として，これまでに取り上げた構文とそれに対する失文法患者の理解の成績の違いはすべて，(18)によって的確に説明できるのである．

　これ以外にも，さらに，次のような経験的帰結がある．注目すべきは，痕跡の先行詞が非指示的である場合，文の述語が動作主をもち，目的語位置に痕跡を含んでいても，その理解は通常のレベルに達するのである．(15a)がそのような一例である．また，Saddy (1995)とBalogh & Grodzinsky (1996)で得られた結果も，驚くべきものである．(19)のような通常の受動文の理解にはチャンスレベルだったのに対して，(20)のような数量詞を含む，一見「複雑そうな」受動文は，正しく理解できた．

(19) The man is pushed by the woman.　　　チャンスレベル
　　　（その男性はその女性に押される．）

(20) Every man is pushed by a woman.　　　チャンスレベル以上
　　　（すべての男性は一人の女性に押される．）

このような対比は，再形式化理論(18)によって正しく予測される．つまり，(19)は前に述べた説明によりチャンスレベルの成績が予測される．一方(20)は，「すべての男性は」という主語は非指示的であり，そのためストラテジーの適用外となる．文法上「動作主」の意味役割が正しく付与され，それが（接語上昇を通して）斜格の目的語 a womanに与えられる．しかし(19)の場合と異な

り，指示的ストラテジーは適用されないので，数量詞主語 every man には θ 役割が与えられない．そこで，数量詞主語には，動詞の語彙項目に関する利用可能な知識に基づいて，動詞 push の残りの θ 役割「対象」が与えられることになり，結果として正しい理解が得られるのである．このように，新たな，より拘束力の強い説明によって，wh 疑問文と数量詞文の両方における失文法的理解の非対称性も捉えられるのである．

3.5 失語症の比較研究: 英語と日本語における語順

　これまで述べてきた議論は，英語の文理解データに基づくものであった．しかし，他の言語についてはどうなのかという疑問がすぐに浮かんでくる．とりわけ「ミニマリスト・プログラム」(Chomsky 1992 および関連文献) という最新の文法理論の枠組みでは，他の言語について検討することは必須の条件である (この理論の詳細は，第 6 巻第 4 章を参照されたい)．端的に言えば，文頭の名詞句に「動作主」の意味役割を付与するというストラテジーが，他の言語にもあてはまるのかどうかが問題となってくる．諸言語にあてはまるような統一的な説明が可能かどうか，今のところまだよく分からない．というのは，θ 役割のない名詞句に，ストラテジーによってそれを与えるというやり方は，句の内部構造，とりわけ基本語順に依存している．たとえ統一的な説明が可能だとしても，今度は，文法的な理解の障害の決定要因は何なのか，それは何らかのパラメータ値に関係があるのか，といった問題が生じてくる．したがって，この状況下で検討しなければならないのは，よく知られた英語の SVO という語順とは異なった基本語順を持つ言語ということになる．幸い，日本語の失語症についての最近の研究に，それに対する重要な手がかりとなる何らかのヒントが見つけられるので，次にそれらを紹介する．

　比較言語失語症学を研究している者にとって，日本語の事例はきわめて意義深いものである．Hagiwara(1993a, b) は一連の実験を通して，日本語失文法患者の文理解について詳細に検討した．彼女の研究成果が強調していることは，失文法患者の文理解では，文の態 (能動態，受動態) の違いではなく，痕跡と句構造との相互作用が決定的役割を果たすということである．

　日本語の基本語順については議論の分かれるところである．日本語の能動文

の語順は(21a, b)に示したように，SOVとOSVという2種類に分類できるが，Saito & Hoji (1983) では，基本語順は「かき混ぜの起こっていない」(21a)のような語順，すなわちSOVであり，OSVである(21b)はそれから派生した文であると分析されている．彼らは照応形の振る舞いをこの分析の根拠としている．(21b)の「花子」はVPを構成素統御していなければならないこと，そしてそのために「花子」は主語である「太郎」の最大投射の上に付加されなければならないことを，彼らはその決定的証拠として示している．

(21) 能動文
    a. かき混ぜなし (non-scrambled)
       [$_{IP}$ 太郎が [$_{VP}$ 花子を　なぐった]]
    b. かき混ぜあり (scrambled)
       花子$_i$ を [$_{IP}$ 太郎が [$_{VP}$ t_i なぐった]]

したがって，かき混ぜ操作が適応された文には，移動，すなわち痕跡が含まれていることがわかる．

先に述べた文の理解障害に関する理論は，これらの文について何を予測するのだろうか．(21)の例文を，失文法患者のθ役割付与の原理を踏まえて模式的に表したのが(22)である．

(22)   a. S   O   V
           動作主　対象
      b. O   S t V
           動作主　動作主

痕跡が削除されることを踏まえ，削除された後のθ役割付与のストラテジーが英語の場合と同じであると仮定すると，(21b)のかき混ぜ文では，基底の位置から移動した目的語には痕跡削除のためにθ役割が付与されないことになる．したがって，一連のストラテジーにより，文頭の位置に移動した目的語には「動作主」のθ役割が付与される．その結果生じる意味役割表示は(22b)となり，失文法患者のチャンスレベルの正答率が予測される．Hagiwaraの実験で得られた結果は，まさにこの予測通りのものであった．派生されたかき混ぜ文(21b)の理解の正答率はチャンスレベルであったのに対し，かき混ぜのない能動文は，正しく理解されている．

日本語の能動文の理解に関してこのような結果が得られたことにより，失文法患者に見られるチャンスレベルの成績は，受動形態素ではなく，名詞句の移

動に起因することが明らかになった．

　次に，受動形態素をともなう受動文の例を見てみよう．日本語受動文は能動文と同様，移動をともなうものとそうでないものとに分類することができる．前者は直接受動文，後者は間接受動文と呼ばれる．Hagiwara(1993a)はこれらについても実験を行っている．(Hagiwara(1993b)では，心理動詞を含んだ文の理解が検査されており，Grodzinsky(1995b)で得られた英語話者の失語症患者のものとは異なる結果が得られた．この相違に関する検討は本稿の議論の射程外に及ぶので割愛する．)ここでも，患者の理解度を決定する要因は，移動である．

(23)　受動文
　　 a. 直接受動文
　　　　太郎$_i$が　花子に　t_i　なぐられた　　　　　チャンスレベル
　　 b. 間接受動文(移動による派生形ではない)
　　　　　おかあさんが　息子に　風邪を　ひかれた　チャンスレベル以上

Hagiwaraは，Kubo(1992)らを踏まえ，(23b)は移動による派生形ではないと分析した．(Hagiwaraの実験では，他の関連ある多くの構造も検査された．これらに関しては本稿では触れないが，得られた結果は，本文中の分析と一致するものである．)したがって，表面上は標準的な受動構文と類似してはいるが，(23a)と(23b)の構造には，多くの相違点がある．たとえば，(23a)の「花子に」は省略可能だが，(23b)の「息子に」は同じby句でも省略できない．失文法患者が，(23b)の構文が受動形態素をもつだけでなく，より複雑で，意味的により多くの事柄を含み，より語数が多いにもかかわらず，チャンスレベル以上の高い正答率を示したことは，驚くべきことではない．これらの結果が示しているのは，失文法障害の記述に重要なのは，受動形態素の有無ではなく，統語的移動があるかないかということである．またこれらの結果は，最近の提案(Kayne 1994)とは反対に，日本語のこれらの構文の移動による分析を支持するものでもあるといえる．

　痕跡削除の仮説は，日本語の統語的特性をもとにして考えると，ブローカ失語症患者の文法障害にみられる理解のパターンを的確に説明しうるものといえよう．これはきわめて重要なことである．すなわち，文の態の区別をもとにしたデータではなく，日本語の統語的特性の入念な検討(英語の特徴との比較対照を含む)を通して得られたデータのみが，このような結論を導き出せるので

ある．そしてこのようなデータは，痕跡削除の仮説が予測するものに大いに影響を及ぼす．つまり，理解のパターンが，失語症研究の診断法の一部となるのであれば，パラメータを射程に入れた検討（この場合は語順に関するパラメータ）を議論に加える必要性があるということである．このように考えると，「拡張型の」診断，つまり，構文を列挙しただけの診断は，即座に排除されなければならないことになる．言い換えれば，問題となっている言語の構造を深く追究することなく，ただ表面的に構文の種類だけで判断するような診断は，必ず失敗に終わるということである．

3.6 展 望

脳と言語の関係を探る研究は，新たな局面を迎えている．実験のテクニックと理論的方法論の両方が精練されてきたことにより，われわれは，より新しいデータを得ることができるようになった．そしてそれにより，神経科学者と言語学者には一様に新たな制約が課せられている．つまり，言語学者たちは，神経心理学的な現象の説明をこれまで以上に求められており，神経科学者たちは，自分たちの研究を言語学的な解釈の枠組みに組み込まざるを得ないような状況に追い込まれている．両者の間の距離は著しく狭まっており，新たな発見と仮説に向けて，お互いに精力的に向かい合っている．

（翻訳に際して必要な範囲で説明および例文（3.2 節(b)）を補った．また「第 3 章のまとめ」「読書案内」は翻訳者がまとめた.）

第 3 章のまとめ

3.1 言語の機能と脳の部位とを対応づける手段としては，機能的画像法と損傷法がある．現時点では，失語症で，言語機能の最もきめ細かい側面の検査が可能である．

3.2 失文法患者の文法では，普遍文法にふくまれる諸原理のほとんどが保持されている．唯一の例外が，統語上の「移動」操作である．

3.3 失文法患者にとって，統語上，移動をふくむ構文の理解は難しい．

3.4 失文法患者の文の理解にみられる構文間での成績の差異は，文法内の要因と一般認知ストラテジーの両方を仮定してはじめて統一的に説明できる．

3.5 失文法の障害は，いろいろな文法関係が計算されて各種の制約が満たされるような表示をつくりだす媒介にある．そしてその媒介は，左半球前頭葉の皮質に局在していると考えられる．

3.6 文法の理論が真に生物学的な特性をもつならば，それは，失語症にみられる言語の選択的な障害パターンを説明できるものでなければならない．

3.7 言語理論にもとづいて文法の障害を追究するためには，失語症に関する比較言語学的視点が重要である．

4

言語学習の計算モデル

4　言語学習の計算モデル

【本章の課題】

　ある過程について，実験や観察の結果などから得られる情報や研究者が持つその過程についての見方を統合して，その過程に説明を与えたり予測を行なったりするための枠組のことを，その過程の**モデル**(model)と呼ぶ．

　人間が言語を獲得していくという魅力的で不思議な過程についても，さまざまな実験や観察が行なわれてきている．言語の獲得は動的な，時間的な能力の変化の過程である．したがってそのモデルを作るにあたっても，実際の入力に反応して動き，言語を取り扱う能力が変化していくようなシステムを構築することができれば，実際の現象との比較や予測がわかりやすいものになるだろう．言語学習を，人間が外部からの情報を処理しながら同時に処理の能力自体をあげていく過程として定式化して，その過程をコンピュータ上のプログラムとして記述することは，動的なモデルを作るための一つの方法である．

　この章では，まずコンピュータ上の言語学習モデル一般の目的や戦略などについて説明する．その後，現在までに提案されてきた，コンピュータ上で動作する言語学習のモデルをいくつか紹介する．これらのモデルは，学習の対象となる領域や学習の手法などさまざまな点で異なっている．残念ながら，人間が言葉を持たない状態から言葉を使ってコミュニケーションを行なうようになるまでのすべての過程を再現する人工のシステムはまだ存在していない．ここで紹介するシステムも，言語学習のある一部を切り出して問題として設定し，その問題を解くための戦略やその具体化である手続きと，必要とされる情報を明らかにするために作られたものである．

4.1 モデルの意味

(a) モデル化の目的

　ある機能を持つシステムが存在し，しかしその機能を実現している仕組みがわからない場合を考えよう．そのシステムの挙動を観察したり，内部の機構について特定の仮定をおいたりすることによって，その機能の種明かしを行ない，システムの仕組みを表す設計図を求めることを**モデル化**(modeling)という．そしてシステムの設計図である「モデル」が一度できあがれば，そのモデルを特定の状況に置くことによって，元のシステムが同じ状況でどんな挙動を示すかについての予測を行なうことができる．

　情報を扱う機能を持つシステムの場合には，モデルは扱われる情報の種類や流れ，そして情報に対する操作を明らかにするものでなくてはならない．言語の獲得を，外界から受けとった情報を変形していく処理としてとらえるとすれば，その処理のために必要な前提や機構をたとえばコンピュータ上のプログラムという形で具体的に示すことがモデル化である．

　人間の言語獲得を観察したり実験したりするという，既存のシステムの挙動の観察は，そのシステムのモデルはどのような入出力関係を実現しなくてはならないかを明らかにし，そのためにはどのような処理が必要でありそうかについてのヒントを与えてはくれる．しかしモデル化に当たっては，これらに加えて，モデルの情報処理手法に関する特定の前提をモデル設計者が与えなくてはならない．したがって，情報処理の新たな手法が提案されたり，コンピュータの処理能力が上がってこれまで困難だった大量の情報を扱うことができるようになったりすれば，あらたな種類のモデル化が可能になることもある．分散的な情報表現や情報処理手法の実用化や，コンピュータが直接扱うことのできる発話データの集積などは，モデル化の手法自体に影響を与えてきている．

　特定の機能が学習される過程に関して種明かしがなされたというためには，「種」となる機構や条件を仕込んだ学習システムとそうでないシステムを比較して，前者の方がその機能をうまく学習できることを示さなくてはならない．この場合の学習システムとして人間を用い，特定の外部的な条件を「種」とし

て用いたものが，人間を被験者とした心理実験にあたる．特別な条件に置かれた人間がそうでない人間よりうまく学習すれば，その機能の学習にはその条件が役に立つことがわかる．コンピュータを学習システムとして採用して特定のプログラムに沿った学習の過程を検討する場合には，被験者実験の際と同様に特定の外部的な条件の効果を知ることができるのはもちろん，学習システムが処理に際して採用しているアルゴリズム自体を直接想定して，そのアルゴリズムが学習に有効であったかどうかを調べることもできるという利点もある．

(b) モデル化の戦略

認知機能の獲得のモデルは大きく二つに分けることができる．一つは，知的システムがどのような情報を持っていたり与えられたりし，目的とする機能はこれらの情報からどのように計算できるかという計算論的な視点での説明を目指す，比較的抽象的な**能力**(competence)のモデルである．もう一つはその機能獲得のための過程あるいは処理のアルゴリズムも考えに入れたものであり，システムが取り扱うそれぞれの情報はどんな構造を持ち，どんな方法で表現されているのか，そしてどんな手順によって処理されるのかといったことを具体的に記述する**運用**(performance)のモデルである．前者の視点では一つのモデルであったとしても，処理の手順としての実現方法はたくさんあり，複数のモデル化が可能な場合もある．

これら二つの観点は，独立に存在できるわけではないし，明確に区別できないこともある．どのような情報がどのような方針で扱われるのかを仮定せずに，情報を表現して処理するアルゴリズムをつくり出すことはできないし，適当な処理方法が存在しないような抽象的モデルにはどこかに問題があるだろう．二つのレベルが互いに制約しあって完全なモデルができることが望ましいのはもちろんである．

被験者を用いた実験や観察といった手法は，前者の視点，つまり何がどうしてある機能を示すのかについての研究と深く関連している．被験者実験で比較できる仮説には限りがあるため，多くの仮説を検討する必要のある処理過程の具体的詳細ではなく，抽象度の高いレベルでモデルを設定する方が便利である．

一方，コンピュータ上で動作するプログラムとしてモデルを実現するためには，特定の処理のフレームワークやその中でモデルが処理する情報を記述する

表現方法，モデルの動作を実現する特定のアルゴリズムが明らかになっていなくてはならない．後者の視点に立った処理の過程を重視するモデルは，モデル自体にこれらの詳細が含まれているため，コンピュータプログラムとしての実現に適している．

抽象的なモデルをコンピュータプログラムとして実現する場合には，プログラムの設計者にこれらの点に関する選択の自由が残されてしまう．このため，プログラムがうまく実際の学習過程をモデル化できなかったとしても（あるいはできたとしても），それがモデル自体の責任なのかプログラムとしての実現方法の責任なのかを区別することは難しい．たとえば，ニューラルネットワークのように特定の情報を多くのユニットに分散して表現し処理することが得意なフレームワークを何らかの理由で選び，一方，プログラムの一部が局所的な情報表現，つまり特定の情報は特定の少数のユニットで表現されていることを想定している場合を考えよう．この二つの表現方法の間の擦り合わせを実現するためには，特別な仕掛けが必要になるかもしれない．しかし，分散的に表現されている情報と局所的表現の情報との間の関連を処理する過程をモデル化しようとしているのでない限り，この仕掛けはモデルの本質ではない．本来モデル化するべき過程とそれを記述するための道具の切りわけは，抽象度の高いモデルになるほど注意深く行なう必要がある．

(c) モデルの評価

あるシステムをモデル化した場合，それには元のシステムに対する実験などによる直接の知見が得られない部分も含まれている．そのようなモデルが妥当なものであるかどうかはどうやって決めればよいだろうか．

もちろん，そのモデルがある環境に置かれた場合に導き出す結果が，元のシステムの示す結果と整合している必要がある．つまり，コンピュータ上のプログラムの挙動と実際の人間の挙動とが類似していることなどがまず重要である．しかし，人間の特定の挙動を再現するようなプログラムを作ることは容易なことも多く，これだけでは妥当性の検証にはならない．

特に，学習させたい問題自体の構造について多くのことがわかっており，それをプログラムが利用しやすい形で入出力などに**符号化**（encode）できる場合には，モデルの設計者が学習システムが解きやすいように問題を書き換えてしま

う危険がある．たとえば，ニューラルネットワークを利用した言語獲得関連のもっとも初期のモデルである，D. E. Rumelhart らの有名な**過去形獲得モデル**(Rumelhart & McClelland 1986) では，学習データを音韻表現そのものでなく，Wickelfeature と呼ばれる特徴空間中での表現に変換して与えていた．しかしこの変換の際に，過去形の学習に有利に働くような恣意的な選択がなされていることが指摘されている．

モデル化は学習に寄与している効果的な条件や機構を明らかにする過程であるが，人間のモデルであるというためにはそれらの「種」の妥当性が問題となる．具体的に人間の言語学習のモデルを評価する場合の条件として，たとえばPinker (1979) では次の六つの基準を用いている．

学習可能性(learnability condition)　人間の言語を必ず獲得することができなくてはならない．

汎用性(equipotentiality condition)　どのような言語についても動作するものでなくてはならない．特定の言語の学習が容易になり，他の言語が学習できないようなバイアスや機構を持っていてはいけない．

時間的制限(time condition)　学習に必要な期間は，人間の子供が学習に要する期間と同等のものでなくてはならない．つまり，モデルがある段階に達するまでに与えられる入力の数は，人間の子供がその期間に受けとっていると想定できる入力の数とほぼ同じでなくてはならない．

入力に対する制限(input condition)　モデルへの入力は，人間の子供も手に入れることができるものでなくてはならない．たとえば，否定証拠，すなわち間違った例を間違ったものというラベル付きで与えられたりすることはない．

発達的制限(developmental condition)　モデルは，子供と同じ順番で，同じ間違いを犯しながら言語の音韻的，形態素的，統語的構造を学習しなくてはならない．

認知的制限(cognitive condition)　モデルの認知能力は，人間の子供が持っていると推定できるものだけでなくてはならない．たとえば入力をすべて記憶するシステムなどはもっともらしいモデルとはいえない．

モデルを設計する際には，このような妥当性に加え，ある条件や機構を組み込んだことによってどれほど多くの挙動が説明できるか，つまり仮説の経済性

が評価の軸となる．

4.2 統語規則の獲得のモデル

この節では，統語論の獲得のモデルを紹介する．シンボル処理的な枠組のもとで人間の統語論の学習過程をモデル化するシステムでは，多くの場合，意味的な情報も利用されてきている．また，文法を学習するニューラルネットワークについても見る．

意味的な側面を含めて言語を扱うモデルの最も初期のものとしては，M. R. Quilian の Teachable Language Comprehender (Quilian 1969)，L. R. Harris の言語を学習するロボットシミュレータ (Harris 1977) などが挙げられる．これらのモデルは英語の文を例として与えられ，英語の文法の一部，そして概念と語との間のマッピングを学習するものであった．

人間の学習のモデルとして意図された初期のモデルである P. Langley の AMBER (Langley 1982) では，文の意味は図 4.1 に示したような特別な構造体として文とともに与えられる．この意味表現は，文中に現れる主要な語を末端のノードとし，二つのノードの間に成立する関係をそれらのノードを結び付けるリンクとした木として作られる．意味表現の中でリンクとなり得る関係は，*agent, action, object* などのあらかじめ定められた少数のものに限られていた．そして，例文中で主要な語がどのような順番で発話されていたか，各語にどの関係ラベルが付けられていたかに基づいて，どのラベルのついた関係をどの順番で生成すればよいかを推測し，つまりは文法を獲得する．

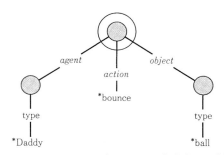

図 4.1　AMBER に与えられる意味表現の例

このモデルは，「文の意味」が与えられた際にモデル自身が生成した発話と，実際に外部から与えられた入力との間に違いがある場合にのみ学習する．学習とは，これら二つの文の差を埋めることのできる新しい規則を推測することである．モデルが生成した発話より外部から与えられた文の方に多くの語が含まれていた場合には，新しい規則は自分が生成に使った規則に新しい関係のラベルを挿入することによって作られる．

たとえば図 4.1 の意味を受けとったモデルが

文 $\longrightarrow$ $agent$ リンクにつながっている語

という規則を用いて Daddy という発話を生成したとしよう．一方，この意味表現と同時に

Daddy bounce ball.

という文が与えられたとしよう．このときモデルは bounce を発話するべきなのにしなかった語として選び（もちろん ball を選ぶこともできる），その語がつながっているリンクの関係ラベル $action$ を見つけ出し，

文 $\longrightarrow$ $agent$ リンクにつながっている語，$action$ リンクにつながっている語

という新しい規則を推測する．

逆に，与えられた文には含まれないような語を生成してしまった場合には，その語が実際に使われた際の意味表現と誤って生成した際の意味表現を比較して弁別の規則を追加する．このモデルでは，新しい規則を生成する際に新しい関係のラベルを一つずつ追加できるようにすることによって，一語文発話から電文体発話を行なうようになり，次いで機能語を獲得する過程を再生することができた．

M. Selfridge のモデル CHILD (Selfridge 1986) は，意味と統語の両方を獲得しようとしたモデルであるが，このモデルでの統語の情報は，それぞれの単語に対して付加される語順に関する特徴の集まりとしてしか表現されていない．個々の語がどの関係を表す語に先行し，どの関係を表す語に後続するかといったレベルでのみ記述される．統語情報は，たとえば単語 give に関する情報の一部として，$agent$ という役割 (role) を持つ語に後続し，$object$ という役割を持つ語に先行する位置に現れることができる，というように獲得される．意味獲得も視野に入れたこのモデルでは，与えられた文中でどの語がどの関係を表し

ているかを推測するという手続きが入っているが，この推測の段階が終れば，AMBER と実質的に同様の処理をしていることになる．

　これらのモデルが学習の対象である文に対してまったく構造を仮定していない以上，語の並びという 1 次元的な情報からモデルが推測できる規則は，どの語がどの語の前に，あるいは後に現れることができるかというやはり 1 次元的なものでしかありえない．しかしなんらかの構造とそれに基づく情報の一般化を仮定した場合には，たとえそれがテンプレートのようなものであったとしても，もっと複雑な情報の獲得が可能になる．

　J. C. Hill は実際の 2 歳児から集めたデータに基づいて言語獲得のモデルを構築した (Hill 1983)．モデルへの入力は大人の発する文とその文脈であり，この入力と各時点でモデルが持つ文法に応じて，文を再生したり入力文へ反応したりする．世界に関する知識，文法，レキシコンなど，モデルの取り扱う情報はすべて重みつきの意味ネットワークとして表現され，学習とはそれらの情報についての仮説を作りだし仮説の信頼度を調整することである．

　このモデルでの文法の獲得は，与えられた文から取り出したテンプレートを，語のクラスについて順次一般化していくという手続きによって実現されている．たとえば，モデルが gave という語が特定の関係を表す語であると知っていたとしよう．この知識に基づいてモデルは，

　　　Daddy gave the toy.
　　　Sue gave the puzzle.

などの入力から

　　　($slot1$ gave $slot2$)

というテンプレートを得ることができる．このテンプレートを得ることができれば，the toy も the puzzle も $slot2$ にあてはまることのできる同じクラスの語句であり，Daddy も Sue も $slot1$ に属しているという，語句のクラスを作り出すための一般化が可能になる．さらにここでの gave のように関係を表す語自体についても一般化を行なっていくことによって，統語の体系が獲得できる．この方法で，このモデルは 6 語までの長さの発話を生成できる句構造規則に相当するものを獲得することができた．

　学習対象についてのもっと精密な仮定，たとえば特定の文法理論をあらかじめ組み込んだモデルでは，そのモデルのパフォーマンスから元の理論の有効性

を知ることもできる．N. Chomsky の生成文法の考え方に基づいて，統語のシステムを獲得する R. Berwick のモデル (Berwick 1985) は，その典型である．

このモデルは Marcus の決定的パーザの上に実現されている．Marcus のパーザは，

(1) 受けとった文とその解析結果を保持するワーキングメモリ
(2) ワーキングメモリに対する処理を行なういくつかのプロダクションルール

から構成されている．それぞれのプロダクションルールは，特定の条件が満たされた際に，メモリ中の特定の位置にアイテムを追加したり，メモリ内のアイテムを移動させたり，アイテムにラベルを付けたりするという操作を行なう．

Berwick のモデルでは，少数の句構造規則に対応するプロダクションは生得的なものと想定して始めから与えられている．モデルへの入力は簡単な例文であり，より複雑な規則に対応するプロダクションや，メモリ内のアイテムの移動やラベル付けといった変形規則に対応するプロダクションが獲得の対象である．また，モデルには意味情報などから語彙を名詞，動詞，それ以外に分類する能力が与えられており，入力に応じて名詞と動詞以外の語彙の細かなカテゴリ分けを獲得することができる．

モデルの学習は，各時点で与えられた入力文が解析できなかったときにのみ，与えられた入力文を解析するために必要になる統語の規則を推測して追加するという形で起こる．この新しい統語の規則として許されるのは，その時点ですでに持っている規則を用いて入力文を処理した結果得られる解析木を元に，その解析木中のアイテムを入れ換えるか，付加するか，挿入するかという，限られた処理を行なうものに限定されている．

たとえば助動詞を文頭に移動して疑問文を作る規則を知らないが，

    He can walk.

ならば解析できる段階のモデルが，

    Can he walk?

といった入力文を与えられた場合を考えよう．can は名詞句でないためこの段階のモデルはこの文を解析できない．しかし，アイテム入れ換えの処理を用いて can と he を入れ換えることで，既存の規則で解析できることがわかる．そこでモデルは，この入れ換え処理を行なう規則を自分の使用する統語規則とし

て獲得する．

　語彙の分類能力と最初に組み込まれる句構造規則，そして何よりもモデルが推測可能な新しい規則の形に限定を加えていることによって，このモデルは非文の含まれないノイズなしのデータから，否定証拠なしでの文法学習が可能であることを示すことができた．

　一方，言語という学習の対象領域に固有の知識や前提をできるだけ仮定しないところからモデル化を行なおうとするやり方もある．こういった立場をとる理由には，言語領域固有の知識の最小セットを明らかにする目的で最悪の場合から始める戦略を用いるため，言語領域固有の知識が人間の進化の歴史のなかでどのように生まれてきたかを知るため，などいろいろ考えられる．この立場のモデル化ではニューラルネットワークを用いたものが多い．これは，入力データの統計的性質を獲得するという，学習の対象領域と比較的独立な学習の方式が，この分野で確立しているためと思われる．

　文法を獲得するネットワークとしては，J. L. Elman のモデル (Elman 1993) が有名である（詳しくは本叢書第 11 巻第 2 章参照）．このモデルのタスクは，文を構成する語を一度に一つずつ入力され，各入力の時点で次の語を予測するというものであった．入力単語列を作り出す規則は，関係節の形で埋め込み文を生成することができる．タスクの性質から，モデルは常に次の時点の入力を教師信号として利用することができる．そしてこのタスクに成功するためには，入力される単語列を説明することのできる，埋め込みを含む文法が，ネットワークの重みという形で獲得されなくてはならない．

　このモデルに用いられたネットワークは，**単純再帰結合網**と呼ばれる構造を用いている．これは，各時点での外部からの入力に加えて一つ前の時点のネットワークの内部状態のコピーが与えられるものである．つまり，ある時点での一つのユニットの活性度が，その後の時点でのネットワークの内部状態に影響を与えることができる．

　このモデルは，次の語の予測というタスクを実現していると解釈可能な挙動を示すことができた．また，訓練されたネットワークを分析した結果，入力中の文の語をいくつかのカテゴリに分類し，それに応じて数の一致や動詞の細分化などを行なっているとみなすことのできる構造化が起こっていることが明らかになった．しかし，埋め込みという機構自体を一般化できているかどうかは

示されなかった．また，タスクに成功するのは次の二つの場合のどちらかに限られていた．

(1) 入力をコントロールする．最初は単文だけの入力を与え，徐々に埋め込みのある文の割合を増やしていく．最終的には埋め込みのある文だけを与える．

(2) 記憶能力をコントロールする．はじめは一定数の入力が与えられるごとに内部状態のコピーが消去され，徐々に消去の間隔が長くなり，最終的には消去されなくなるというスケジュールで学習させる．つまり，文脈を保持する能力が徐々に増大することになる．

Elman は，この二つめの場合が成熟による記憶能力の増加に対応するとして，統語的な発達において提唱されてきた **less is more 仮説**†(Newport 1990)，つまりある種の制限があることがかえって獲得に有利に働く場合があることが実証されたと主張している．

ある文を構成する語を1語ずつ受けとって学習するシステムが，埋め込み文を生成できる文法を獲得するためには，離れた位置にある語同士の関係について注意をはらう必要がある．そしてそのためには，埋め込まれた文を処理している間は，その文より前に与えられた語についての情報を何らかの方法で覚えておかなくてはならない．より一般的には，**長期依存関係**(long-term dependency)と呼ばれる，時間的に離れた情報相互の関係を獲得できる学習のフレームワークが要求される．

Elman の方法は，ネットワーク自身の一つ前の時点での状態だけが利用できるという枠組であった．長期依存関係という問題への解として見た場合，この枠組は時間的な変化を自然にモデル化したものである反面，長期にわたって情報を保持することがむずかしい．また BPTT(back-propagation through time)や実時間レカレント学習などのように，誤差信号が時間をさかのぼっていくものとしてネットワークを訓練する手法では，誤差信号が爆発的に大きくなったり消えてしまったりする傾向がある．そしてその結果学習が収束しなかったり，学習に事実上無限の時間がかかったりする可能性がある．

ネットワークを用いて長期依存関係を学習させるために，入出力の与え方も含めたネットワークの構造やネットワークを構成するユニットなどに関して，さまざまな工夫をした枠組が提案されてきている．

4.2 統語規則の獲得のモデル

ネットワークの入出力に手を加える手法として，たとえば C. L. Giles らは NARX (Nonlinear AutoRegressive with eXogenous inputs) と呼ばれるネットワークの構造を提案している (Lin et al. 1996)．このネットワークは，図 4.2 のような構造を持つ．そしてネットワークの挙動は時点 t での外部からの入力と出力をそれぞれ $u(t), y(t)$ とし，f を非線形関数としたとき，

$$y(t) = f(u(t-D_u), \cdots, u(t-1), u(t), y(t-D_y), \cdots, y(t-1))$$

という形で表すことができる．つまり，D_u ステップ前までの外部からの入力と D_y ステップ前までの自分自身の出した出力がネットワークへの入力として与えられ，利用することができる．

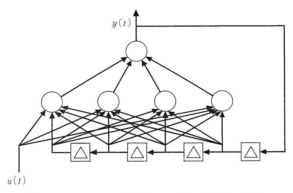

図 4.2　4 ステップ前までの出力を利用できる NARX ネットワーク

このネットワークの学習は BPTT を用いて行なわれるため，前述のように誤差信号が消えてしまったり爆発したりする可能性がある．しかし BPTT は，ある時点での誤差信号がそれぞれ 1 時点前のネットワークに伝播していくという手続きである．そして，NARX ネットワークの場合には入出力の信号が D ステップの間遅れて供給され続けるため，D より小さな時間間隔の範囲であれば，誤差信号は 1 時点ずつさかのぼっていく代わりに，直接伝播することができる．つまり誤差信号を伝播する経路に近道ができることになる．この短い経路を通って誤差の情報が伝わることによって，学習が容易になる場合がある．直観的な説明としては，長期依存関係にある二つの入力の間の時間的なギャップを，遅れつきの入出力が狭めることによって BPTT で学習可能な範囲におさめていることになる．

このやり方は，実際ある程度まで成功している．簡単な例題として，入力として 1 文字ずつ文字列を受けとって，入力文字列が受理されるかどうかを判定させるタスクをみてみよう．文字列は $\{0, 1\}$ のいずれかのシンボルからなり，最初から三つめのシンボルだけによって受理されるかどうかが決まるとする．たとえば，0100010 や 100111111 は受理されなくてはならない．具体的にはネットワークがこのような文字列を受けとり終った時点での出力が，設定した値，たとえば 0.8 以上でなくてはならない．そして，11111111 や 0010 は受理されてはいけない．つまりネットワークの出力が別のある値，たとえば -0.8 以下でなくてはならない．

実験では，学習させる文字列の長さを変えて難しさの異なる複数のタスクを設定している．文字列の長さ T は 10 から 30 までであり，したがってネットワークは 7 から 27 ステップの間情報を保存しなくてはならない．また，図 4.2 のような構造の NARX ネットワークをもとに，過去の出力を与える数を変化させて，何種類かのネットワークが準備された．どのネットワークがどこまでのタスクに成功するかを見ることによって，長期依存関係の学習にネットワークの構造が及ぼす影響を調べることができる．

NARX ネットワークも，比較のため用いられた Elman の単純再帰結合網も，文字列の長さ T が大きくなるにつれて学習が困難になる．つまり関連する二つの情報の間の時間的ギャップが広がると問題は難しくなっている．しかし，シミュレーションのほぼ 90% が成功する文字列の長さで比較すると，単純再帰結合網が $T = 11$ であるのに対し，過去の出力を六つ与えられる NARX ネットワークでは $T = 20$ であり，一定の効果が得られたといえる．また与える出力の数を変化させる実験の結果からは，出力数が多いほど大きな T にまで対応できることがわかっている．

この結果は，自分自身の状態ではなく，過去のいくつかの入出力を覚えていることによっても文法の獲得が容易になる可能性があることを示している．

ネットワーク全体に分散的に過去の情報を記憶させるこの方法に対し，J. Schmidhuber らは，ネットワークを構成するユニットのうち一部あるいは全部として，情報を抱えこんでおく能力のある**メモリセル**と呼ばれるユニットを用いる方法を提案し，実証した (Hochreiter & Schmidhuber 1997)．

メモリセルは，図 4.3 に示すような，自分自身への重み 1 のリンクを持つユ

4.2 統語規則の獲得のモデル 151

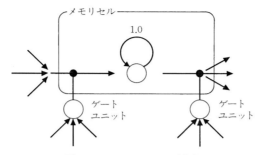

図 4.3 メモリセルの構造

ニットであり，このリンクによって長期にわたって情報を保持することができる．メモリセルの入出力は，いつメモリセルに情報を取り込むか，そしていつメモリセルの情報を読み出すかを決定する二つのゲートユニットによって制御されている．メモリセルの入力側のゲートユニットは，そのユニットに取り込むべき信号だけを選択し，よけいな情報によってメモリの内容が壊されてしまわないように学習しなくてはならないし，出力側のゲートユニットはいつ他のユニットにメモリセル中の情報を流してよいかを学習する必要がある．ネットワーク全体を訓練する際にも，誤差信号をいつメモリセルに取り込んで，いつネットワークの上流(入力)側に伝搬させるかが，ゲートユニットによって制御される．

図では一つのメモリセルだけが示されているが，一組のゲートユニットを共有する複数のメモリセル（メモリセルブロック）を用いることによって，複雑な情報をある期間保持させることもできる．Schmidhuber らは，このようなメモリセルをいくつも隠れ層に持ったネットワークを，実時間レカレント学習の一種によって訓練することによって，1000 ステップ程度離れた長期依存関係を学習する必要のあるタスクも達成できることを示した．

ここでは，埋め込みリーバー文法(A. S. Reber によって潜在学習の例題として作られた人工的な文法(Reber 1993))を学習するタスクの例をみておこう．ネットワークは，Elman の文法獲得モデル同様，語を一つずつ受けとって次の語を予測するというタスクを行なう．入力される語の列は図 4.4 に示した状態遷移をするリーバー文法をさらに図 4.5 のように埋め込んだものに基づいて生成される．

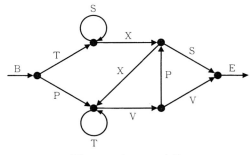

図 4.4 リーバー文法

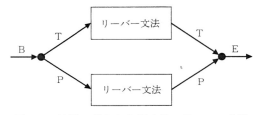

図 4.5 実験に使われた埋め込みリーバー文法

　リーバー文法に移る前後の語が一致しているという情報を正しく獲得して利用するためには，ギャップの長さ不定の長期依存関係を処理する必要がある．メモリセルを持ったネットワークの場合には，ネットワークへの入力の最初の語（T か P）をメモリセルに取り込み，その後は情報を受け入れないような入力側ゲートユニットと，ネットワークへの二つめの語以降がリーバー文法に受理された時点で情報を流し出す出力側ゲートユニットが生成できれば，この部分は解決できる．同時に，最初の語を無視させることによってリーバー文法の部分だけを切り出すことになるので，全体を一度に学習する場合より文法全体の獲得が容易にもなる．

　このタスクをいくつかの構造のネットワークに実行させた結果，隠れ層に 15 個のユニットを持つ Elman の単純再帰ネットワークでは，訓練可能なリンクの数は 500 個ほどもあるにもかかわらずこのタスクは学習できなかった（200,000 例の学習で成功した試行がない）．また，普通の実時間レカレント学習でもほとんど学習できなかった．一方，三つから四つのメモリセルブロックだけを中間層に持ったネットワークでは，リンクの数は 270 前後であるが，97% 以上の試行で 1 万個前後の例を与えられた時点で学習に成功している．

メモリセルというある種のワーキングメモリをネットワークの基本的なユニットの一つとして用いることによって，この手法では埋め込みという入力の構造を，ネットワークの特別な構造を用いてうまく表現することができている．埋め込まれた文を処理している間，外側の文に関する情報は独立の場所に保持しておくという考え方である以上，多重の埋め込みは当然埋め込みの数だけのメモリセルブロックを必要とする．しかし，ネットワークがどのような状態になったときにメモリ中の情報にアクセスさせるかというゲートユニットの学習自体は，複数のメモリセルに関して汎化できる可能性がある．つまり，埋め込み度数 1 と度数 2 の埋め込み文によって訓練されたネットワークが度数 3 の埋め込みに出会った場合，すぐに処理できないにしても，白紙のネットワークから訓練するのに比べて容易に訓練可能な枠組を提案している．

　これらの長期依存関係を学習するネットワークは，どれも記号列の並びだけを利用しており，人間の子供のように意味的な情報を用いることはしていない．対象領域と独立な学習方式のもとで，意味的な情報も用いてある程度複雑な文法を獲得するシステムは，今後有望な研究の方向と考えられる．

4.3　意味獲得のモデル

　人間の言語が意味を伝えるものである以上，言語表現と意味との関係を獲得すること，特に感覚入力に裏付けられた意味を言語を用いて表す方法を学習する過程は，言語獲得の重要な一部である．

　人間が最初の言語を獲得していく過程で，言語の獲得と概念の獲得はどう関連しているのだろうか．外界を分節して認識していく方法は言葉とは独立に獲得されるのだろうか．それとも Whorf がとなえた言語相対説のように，認識のメカニズムが言葉に影響し，言葉が認識に影響するのだろうか．

　この二つの考え方は表 4.1 のように示すことができる．そして，それぞれに対応するモデルが作られている．この表ではすべての人間の持つ認識のメカニズムは基本的に同じものであり，個々の言語における意味の分節や構造の違いは，言語と認識をつなぐシステムの途中のどこかから現れるものと想定している．(1) は，あらかじめ言語とは独立に確立した概念に言葉の意味をマッピングする過程を意味獲得ととらえる立場であり，R. Jackendoff の提案した枠組

表 4.1 言語獲得と概念獲得の関係

	言語固有	普遍
(1)	言葉↔意味↔	概念←認識
(2a)	言葉↔意味/概念←	認識
(2b)	言葉↔意味/概念↔	認識

などに採用されている．この場合，言葉の意味の獲得は外界を認識するシステムとは関係なく行なわれることになる．(2)では，言語の獲得と非言語的な認識の間になんらかの関連があることを想定しており，実世界にグラウンドされたモデルを求める立場といえる．(2a)と(2b)の違いは，言葉を獲得する過程が外界の認識方法自体に影響するかどうかという点である．

(a) 語の意味獲得

ここではまず，表 4.1 の (2) の立場に立った，言葉の獲得と同時にその言葉に対応する概念を獲得していくモデルをいくつか見る ((1) の例は次節で紹介する)．

P. Munro ら(Munro et al. 1991)や C. Harris(Harris 1989)は，前置詞の意味を前後の文脈に応じていくつかの属性に分解することを学習するネットワークを実現した．これらのモデルでは属性という形で認識の基本となるパーツは与えられており，それらから意味を組み上げていく部分が学習の対象である．

Munro らのモデルは，

⟨名詞 1, 空間的情報を表す前置詞, 名詞 2⟩

という組合せの語と非言語的情報を与えられる．与えられる前置詞は in, at, on, under, above のうちのどれか一つであり，名詞 1 と名詞 2 は clouds, room, man などの 25 種類のうちから一つずつ選ばれる．非言語的情報は *above, below, touching, far from* などといった 10 種類の空間的関係を示す属性のうちいくつかであり，非言語的情報は前置詞の意味を前後の名詞という文脈に応じて表現したものである．たとえば同じ語 in でも，water in glass と crack in glass のように異なった語の組合せとともに用いられれば，異なった属性を使って表現されることになる．

モデルのタスクは，名詞の組と前置詞を与えられて適当な非言語的情報を再

生すること，そして名詞の組と非言語的情報を与えられて適当な前置詞を再生することである．モデルはバックプロパゲーションを用いて学習し，文脈を構成する前後の名詞を内部表現に変換して，このタスクに成功した．つまり，限られた語の組合せと空間的位置関係という限定された狭い領域ではあるが，非言語的情報と言語的情報のどちらかの再生という双方向の課題を達成することができた．

Harris のモデルも，いくつかの属性の組として与えられた非言語的情報と前置詞以外の語の種類に応じて，前置詞の意味を学習し再生する．モデルには，

〈軌跡を表す名詞，動詞，前置詞，ランドマークを表す名詞〉

という形の語の組合せ（たとえば bird flew over tree）と非言語的情報が与えられる．入力に動詞が含まれているため，非言語的情報を示す属性として動きに関連するものやさらに抽象的な関係なども用いられる．このモデルは，名詞の違いだけではなく動詞の違いにも応じて前置詞の意味の変化を学習することができた．

Munro らのモデルと Harris のモデルでは，認識の基本パーツとしてあらかじめ決められた属性が与えられていた．T. Regier の空間的関係を示す語を獲得するモデル (Regier 1997) ではもっと直接的に，2 次元スクリーン上の視覚情報に基づいて空間的関係を表す言葉の意味を獲得する過程をモデル化している．

モデルには，図 4.6 のような視覚情報が入力信号として与えられる．視覚情報はランドマークと軌跡という二つの物体からなっている．教師信号として，空間的な関係を表す語（英語の場合には above, on, in など）のセットのうちから，与えられた視覚情報に当てはまるもの一つが与えられる．モデルのタスクは，ある空間的関係がある語でどれほどよく表現できるかを評価することであ

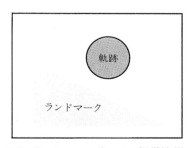

図 4.6　Regier のモデルでの視覚情報の例

る．たとえば図 4.6 に示した視覚情報のもとで，語のセット中の above という語には高い評価を，in には低い評価を与えることができるようになればよい．

このモデルは，図 4.7 に示したような三つの部分構造を持つネットワークで実現されている．モジュール D は 2 次元画像の中から方向に依存する属性を，モジュール ND は方向と独立な属性を取り出すことを学習し，さらにモジュール U がそれらの属性と言葉との対応を学習する．モジュール D とモジュール ND を分けていることによって，視覚的刺激を記述するために使うことのできる属性は向きに依存するかどうかという観点で大きく二つに分けられる．しかしそれぞれの分類の中でどのような属性が形成されるかは，学習に用いられた入力によって決まる．

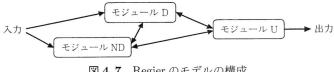

図 4.7　Regier のモデルの構成

モジュール D と ND は，2 次元画像中の物体の境界から両者の包含関係や接触しているかどうかといった記述属性をつくり出す．ここで重要な点は，画像情報から作ることのできるすべての記述属性ではなく，学習に用いられた語のセットが表す空間的関係を区別して記述するために必要となるものだけが作られることである．

たとえば英語の語 on には，上下の関係以外にも接触しているという意味が含まれている．一方，above にはこのような意味はない．また空間的関係としては接触していないことだけを意味する off という語もある．そこでこれらの語を含んだセットを正しく区別して獲得するためには，ランドマークと軌跡とが接触しているかどうかを判断する必要がある．このような語のセットを学習した際のネットワークの状態を分析すると，次のような場合に強く反応するノード群がモジュール ND の出力層に存在することが明らかになった．

（1）　軌跡の境界の点，かつ

（2）　ごく近くにランドマークの中に含まれる点と含まれない点がある点が点または直線として存在する．

（1）（2）を満たす点はランドマークと軌跡との接触点であり，この場合に反応

しているノード群は，接触しているかどうかという属性を実現していることになる．しかし，この属性を区別に必要としない語のセットを学習した際には，このようなノード群は見つからなかった．すなわち，学習するべき言語に応じて空間的関係を記述するための属性自体が変化し，言語が認識の方法に影響を与えているといえる．

モジュール D と ND によって，2 次元的な入力は属性という認識の基本パーツに基づく表現に変えられる．これ以降の処理は，前述の二つのモデル同様に，受けとった属性を入力層，与えられた語を出力すべき教師信号として，記述属性の組合せと語との対応づけを学習していくことである．

構造化された属性生成と認識のモジュールと，属性と語の間の任意の結び付きを学習できる柔軟な学習モジュールの組合せによって，このモデルは英語，ドイツ語，ベンガル語，Mixtec(メキシコのアメリカ原住民の言語)といった，それぞれ空間を分節する方法の異なる言語での空間的関係を示す語を獲得した．またある語によって表される関係のうち，典型的なものに高い評価を与えること，すなわち典型性効果を再生することもできた．

このモデルのもう一つの興味深い点は，否定証拠なしでの意味獲得を行なうために，異なる語は同じものを指さないという**相互排除の仮定**(Markman 1992)の一種を用いている点である．モデルに与えられる入力は語とそれによって表現できる空間的関係の組合せであり，ある語によって表現することのできない関係の例は明示的には与えられない．しかし一般に，正例のみからの学習では語の意味が広すぎるものになってしまう．

この問題を解決するため，このモデルは語のセットに関する意味獲得を行なう際に，与えられた視覚情報を与えられた語の正例として受け取ると同時に，語のセットに含まれる他の語に対する負例としても学習した．たとえば語 above と同時に与えられた視覚情報を，語 below が表すことのできない関係としても利用する．複数の語があてはまる空間的配置，たとえば above かつ outside かつ off といった空間的配置はたくさん存在するため，直接与えられたわけではない負例を正例と同等に扱うことはもちろん危険である．しかしこのシステムでは，負例が学習に与える影響を巧妙に調節することによって，意味的な重なりのある語についても適切に学習させることに成功している．

Regier のモデルは，言葉の違いによって環境の認識のしかたが変わる過程を

具体的なプログラムとして示したものだった．しかし，逆方向，つまり環境の認識方法が言葉の獲得に与える影響については扱っていない．M. Gasser らによるモデル Playpen (Colunga & Gasser 1998) では，言葉と認識 (彼らのモデルでは視覚情報に基づくもの) が相互に影響しつつ獲得されていくという過程が，実際のネットワークの学習の過程として再現できることを示している．

このモデルはホップフィールドネットワーク[†]として実現されており，ヘッブ則の一種を用いて学習する．視覚情報に相当するオブジェクトはいくつかの属性を用いて記述され，異なるオブジェクトを記述している属性の間の関係を定義することができる．モデルのタスクは，与えられたオブジェクトの属性や語の間にどんな関係があるのかを表現することである．

ネットワークは，図 4.8 に例示したように 2 種類のユニットから構成されている．各ユニットは活性値に加えて**位相角** (phase angle) という情報を持っており，それを用いて属性のバインディング，つまり複数のオブジェクトユニットに分散して表現されている属性がどのオブジェクトのものであるかを管理する．オブジェクトユニットと呼ばれるユニットは，あるオブジェクトのある属性を表現するものであり，一つの位相角を持つ．また関係ユニットと呼ばれるユニットは，二つのオブジェクトのある属性同士の間の関係を表すものであり，それぞれのオブジェクトに対応する二つの位相角を持つ．関係を表す語も関係ユ

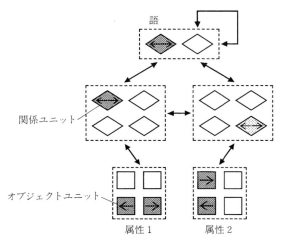

図 4.8　Playpen のネットワークの例

ニットを用いて表現される．

図 4.8 に示した構造のモデルを用いて，二つのオブジェクトの間の関係を表す語を学習させた簡単な実験の結果を紹介する．モデルは，それぞれのオブジェクトに関する 2 種類の属性の値と一つの語を受けとって学習し，それらの一部を再生するタスクを行なう．この実験の世界では，二つのオブジェクトの各属性の間には A, B, C, D のいずれかの関係が成立するものとする．そして二つの属性の間には次の関連があるとする．

(i) 二つのオブジェクトの属性 1 の値の間に関係 A あるいは B が成り立っていれば，属性 2 の値の間にも関係 A あるいは B が成り立つ．

(ii) 二つのオブジェクトの属性 1 の値の間に関係 C あるいは D が成り立っていれば，属性 2 の値の間にも関係 C あるいは D が成り立つ．

したがって世界には表 4.2 に示した 8 種類の属性間の関係の組合せだけが存在する．このとき，これらの関連を学習し，たとえば一つの属性だけを与えられてもう一方を推測するといったパターン完成タスクに成功するためには，表の上半分の 4 種類を一つのグループにし，残りを別のグループにするという分類がよい戦略である．

表 4.2 実験で使われた関係

属性 1 の関係–属性 2 の関係	言語 1	言語 2
A–A	w1	W1
A–B	w1	W1
B–A	w1	W2
B–B	w1	W2
C–C	w2	W2
C–D	w2	W2
D–C	w2	W1
D–D	w2	W1

さてここで，表の上半分の関係の組合せに語 w1 を割り付け，残り四つに別の語 w2 を割り付ける言語 1 と，属性 1 同士の持つ関連が A か D の場合に語 W1 を割り付け，そうでない場合に別の語 W2 を割り付ける言語 2 の 2 種類の言語を想定する．これらの二つの言語はどちらも，可能な組合せのうちちょうど半分ずつを特定の語に対応させるというものであり，外界のオブジェクトの

持つ構造，つまり属性関係間の関連に注意を払わないモデルであれば，両方を同じように学習するはずである．しかし Playpen は属性相互の関係も属性と語との関係同様に表現しようとするシステムであり，これらの2種類の関係の学習がどのように影響し合うかについて検討することができる．

まず，属性間の関連だけをあらかじめ学習させ，その後それぞれの言語を学習させる実験を見てみよう．この実験では，ネットワークはまず，属性1か属性2のどちらかを呈示されてパターンを完成させるタスクを行なうように訓練される．この段階は，前言語期の外界認識の獲得の段階に相当するとされている．この学習を全パターンについて30回ずつ行なった上で，属性を両方与えられて語を生成するという新しいタスクを学習する．

この実験の結果，最終的にはどちらの言語も獲得できるが，言語1の方があるレベルの正答率に早く達することがわかった．これは，言語1がオブジェクトを分類するやり方が，オブジェクトが属性間の関連だけを獲得するための分類と一致しており，パターン完成タスクによって得られた情報がそのまま使えるためである．このことから，子供にとってある属性が重要であり，その属性に基づいたカテゴリがはやく獲得されているとすれば，そのカテゴリと合致する言葉の獲得は早いという予測ができる．

このタスクを行なっている際のネットワークの挙動の分析からは，言語2を学習しているモデルは，ほとんどの時間，属性1にのみ注目していることがわかった．言語2では，あるオブジェクトがどちらの語で表されるかは属性1だけによって知ることができる．つまり，言語側から認識側への影響もこのモデルで再現できたことになる．

では，認識の学習と言語の学習が同時に起こる場合にはどんなことがいえるのだろうか．パターン完成タスクと語生成タスクの両方を同時に行なわせる，つまりネットワーク全体の関係を一度に学習させると何が起こるのだろうか．どちらの言語についてもモデルは学習に成功した．しかし，パターン完成タスクに対して有効な属性間関連のグループ分けと語生成タスクに有効なグループ分けが一致している言語1の場合と，そうでない言語2の場合では，ネットワーク内ので情報の流れ方が違っていることがわかった．パターン完成タスクでの，情報の主な流れはそれぞれ以下のようになっていた．

言語1: 属性1 ⟶ 属性間の関係 ⟶ 語 ⟶ 属性間の関係 ⟶ 属性2

言語2: 属性1 ⟶ 属性間の関係 ⟶ 属性間の関係 ⟶ 属性2

つまり，モデルは言語情報がタスクの遂行のじゃまになるばあいにはバイパスし，役に立つ場合には利用するように学習していることになる．

このモデルの興味深い点は，語の意味と認識の結果得られる概念との間に明示的な区別をしないシステムで，ネットワークの各ユニットの関係を推定するという中立的なタスクを行なった場合，言語と認識の獲得が相互に影響し合うということが自然に導かれている点である．また，学習の最終段階や外部から直接観察できるパフォーマンスが同じである場合にも，学習の速度や内部の情報の流れが違っている場合があり，それが学習のメカニズムを知る上での意味を持つという点で，コンピュータ上のモデルでのみ可能な示唆が得られている．

(b) 複数語からなる発話の意味獲得

概念の獲得に言葉が影響を与えないとしても，つまりあらかじめ持っている概念に意味をマッピングする過程が意味獲得であると考えたとしても，意味獲得は単純なものではない．言葉は普通いくつかの語からなる発話として与えられる．発話全体の意味が与えられたとしても，それぞれの語の意味をどうやって知ることができるのだろうか．

J. M. Siskind は，数語からなる発話と発話全体の意味を与えられて，それぞれの語の意味を表す概念構造を獲得する記号処理的なシステム (Siskind 1996) を実現した．このシステムでは，子供が語とその意味の対応づけをするにあたって問題となるのは次の五つの点であると想定している．

ブートストラッピング 言葉の意味を学習し始める際には，ある語の意味は文中の他の語の意味によって制約される．意味についての部分的，断片的な情報をどうやって利用するのか．

複数語の入力 複数語からなる発話全体の意味を与えられて，どうやって個々の語の意味を獲得できるのか．

参照の不確実性 非言語的な状況から推測できる発話全体の意味の候補は，ふつう複数ある．それらからどうやって一つを選択するのか．

ノイズ 子供が想定した意味の候補中に，文の正しい意味が含まれていない場合はどう処理されているのか．

同義語 同義語をどうやって見つけ，どう取り扱っているのか．

このモデルは，これら5点を解決するアルゴリズムを具体化し，人工語彙ではあるものの，量的には実際の子供の環境に匹敵するシミュレーションを行なって検証したものである．

モデルへの入力は，語のレベルにまで分割された発話と一つの状況から推測できる非言語的文脈（文全体の意味の候補）いくつかからなっている．たとえば次のような発話と文脈の組が与えられる．

発話： John took the ball.

文脈：

(1) $WANT(john, ball)$

(2) $CAUSE(john, GO(ball, TO(john)))$

(3) $CAUSE(john, GO(PART\text{-}OF(LEFT(arm),john),TO(ball)))$

発話は，複数の語の順序付けされていない集合である．また，参照の問題を取り扱うために，意味の候補は複数（ここの例では(1)から(3)の3個）与えられている．ノイズを含んだシミュレーションの場合には，与えられた意味表現に正しいものが含まれている保証はない．前述のように，意味表現自体は学習の影響を受けないものとされており，Jackendoff流の概念構造として表現されている．モデルのタスクは，このような入力から個々の語の意味を表す概念構造，たとえば語 took の意味は $CAUSE(x,GO(y,TO(x)))$ であり，語 John の意味は $john$ であるといったことを獲得することである．

このモデルでの意味の学習とは，まずある語の意味の構造に含まれるシンボルを特定し，次いでそのシンボルを特定の構造に組み上げることである．

シンボルの特定は，それぞれの語についてその語の意味中に「必ず現れるシンボルの集合」と「現れるかもしれないシンボルの集合」を管理することによって実現する．システムは入力を受けとるたびに，前者を増やすか後者を減らしてこの二つの集合の差を縮める方向に動作する．その際には以下に示すような意味についての制約を用いる．語の意味についての制約は，一つの語が複数の状況中で用いられることから導かれる制約と，一つの発話中に含まれる複数の語が相互に及ぼし合う制約の2通りを考えることができるが，このモデルでは両方を利用している．

状況をまたいだ制約

(1) 語の意味が部分的にでもわかっていれば，それを用いて非言語的文脈

をスクリーニングすることができる．たとえば，語 took の意味にかならず CAUSE というシンボルが現れることを知っていれば，語 took の正しい意味全体はまだ知らなかったとしても，前述の文脈のうち(1)が与えられた発話の意味ではないことがわかる．

（2） 語の意味は，その語が現れる状況すべてに共通する部分であり，状況をまたいだ学習を行なうことによっても，ブートストラップが実現できる．たとえば，前述の例と Mary took the block という同様の例の二つに共通する状況を調べることによって，語 took の「現れるかもしれない」シンボルから CAUSE, GO, TO 以外を取り除くことができる．

一つの発話内での制約

（1） 発話の概念構造の構成要素は，その発話のいずれかの語の概念構造に一度だけ現れる．前述の例で文脈(2)が文全体の正しい意味だとしよう．また，語 john と語 ball の「必ず現れる」シンボルに john と ball がそれぞれ含まれるとしよう．このとき，語 took の「現れるかもしれない」シンボルから john と ball は取り除かれる．

（2） 発話の意味はそれに含まれる語の意味から組み立てることができなくてはならない．前項同様文脈(2)が文全体の正しい意味だとし，語 john と語 ball の「現れるかもしれない」シンボルに john と ball しか含まれていないとしよう．このとき，残りのシンボル CAUSE, GO, TO は語 took の意味構造に「必ず現れる」ことがわかる．

シンボルの特定がすめば，それらから構成可能な構造についても個々のシンボルの場合と同様に，状況をまたがった学習を行なうことで獲得できる．

もちろんノイズや同義語を含む語の意味の獲得を処理するためには，これらの制約にしたがった学習の機構だけでは充分ではない．モデルは個々の語に対する確信度を管理することによって，ノイズを無視したり同義語のための新しい項目を作り出したりする．

このモデルに人工的な語彙から自動生成した入力ペアを与えて行なったシミュレーションの結果，モデルが人間の子供に与えられるものと同等な量の入力から語と意味を対応づけられることが明らかになった．また，全語彙の 95% が正しい意味を獲得するまでに必要な入力の語数を調べたシミュレーションの結果からは，以下のような知見が得られている．このシミュレーションでは，学

習させる語彙数，一つの文とともに与えられる意味の候補の数，ノイズの比率，意味表現を構成するシンボルの種類の数，同義語の比率の五つのパラメータが学習に与える影響を検討している．

（i） 一つの文に対して与えられる意味の候補の平均数は必要入力数に影響しない．1000種類の語のうち95%の意味を獲得するのに，ノイズなし，同義語なしの場合で10000語前後の入力が必要である．

（ii） 非言語的入力を構成するシンボルの種類の数は必要入力数に影響しない．

これらは，前述の制約が文全体や個々の語の意味の候補をうまく減らしていることを意味している．

（iii） 学習させる語彙数と必要な入力数はほぼ比例する．

（iv） 意味候補中に文全体の正しい意味が含まれていない比率（つまりノイズ）や同義語の比率が高い場合には，必要な入力数が増加する．

これらの結果から，子供は多くの意味候補を持って正しい候補を見逃してしまう危険を避けることによって，効率的に学習しているのかもしれないということが示唆される．

このモデルは，語と意味の対応づけというタスクは，文法や語順の情報を利用しなくても，そして意味的な情報に関しても前述のような比較的弱い条件だけを満たせば実現可能であることを具体的な形で示したものである．また，実証的なサイズの問題に適用できていることから，人間の子供も文法以前にある程度の意味情報を獲得でき，その結果セマンティックブートストラッピングを行なうという道筋に妥当性があることを示したといえる．

4.4 展　望

言語獲得に関連してこれまでに提案されてきた，コンピュータ上で動作するモデルをいくつか紹介した．分散的な処理メカニズムを持つ計算パラダイムの発展，現実の子どもの発話などに関する機械可読なデータの蓄積，より単純な面としては計算パワーの増大などにより，コンピュータ上のモデルから実際の子供の学習に関して多くの示唆が得られるようになってきている．

言語の獲得は，明らかに人間の認知システム全体に関わっている．このため，

この複雑な過程全体を一度に取り扱うのは困難である．そして，少なくとも個々の研究者のレベルでは，広大な問題空間から手に負えるサイズの問題を切り出している．この切り出しの方向として，普通は言語や言語活動のある側面，たとえば統語論や構文解析といったものが選ばれる．この際には問題の境界条件，たとえば構文解析のモジュールはどういった入出力条件のもとで動作しているのかを想定するところから，モデル化がはじまる．そして言語や言語活動の他の側面，さらには言語以外の分野との関連はあまり考慮されない．

コンピュータ上にモデルを作って実世界の中で学習させたり，実世界に影響を与えるアクチュエータを持つロボット上の学習モジュールの一部として言語獲得のモデルを作ったりすることを考えた場合には，言語の各分野間や認知の他のシステムとの関連を重視した別の視点が可能になる．この場合，問題の境界条件は他の学習モジュールやシステムが学習を行なっている現実の世界との界面が決めることになる．もちろん，すべての場合のすべての言語活動を扱うことは困難なので，学習対象の状況を絞り込んで一種のトイワールドを扱うことになるかもしれない．しかしコンピュータ上のモデルは，言語の特定の面についての完全な説明を行なうという伝統的なやり方を補完するものとなるだろう．

第4章のまとめ

4.1　認知機能を獲得する過程のモデルは，獲得に必要な情報の種類やその情報に対する操作を明らかにするためのものである．モデルを具体的に表現する手法の一つとして，コンピュータ上のプログラムを用いることができる．

4.2　ある認知機能を獲得するモデルは，能力のモデルと運用のモデルに大別できる．能力のモデルは，学習過程で扱われる情報を明らかにし，その情報から目的とする認知機能がどのように計算できるかという計算論的視点での説明を目指す．運用のモデルは，情報の構造や表現方法，処理手順など，機能獲得の過程あるいは処理のアルゴリズムも考えにいれたものである．コンピュータプログラムによるモデル化は後者を自然に実現できる．

4.3　モデルの妥当性を評価するためには，学習可能性，汎用性，時間的・発達的・認知的制約などの条件や仮説の経済性について考慮する必要がある．

4.4　統語論を獲得するモデルは，文の構造についてどのような仮定をおくかによ

って能力に違いがある．特定の文法理論をあらかじめ組み込んだモデルなどでは，そのモデルのパフォーマンスから元の理論の有効性を知ることができる．
4.5 文法を学習するニューラルネットワークは，長期依存関係を処理する必要がある．ネットワークの構造自体を工夫することによって，この問題を扱おうとする提案がなされてきている．
4.6 意味獲得を含んだ言語獲得のモデルは，言語の獲得と概念の獲得が同時に相互に影響しつつ起こると想定しているモデルとそうでないモデルに分類できる．前者のモデルでは，言葉と認識がどう影響し合うかに重点がおかれている．後者の一例として，文全体の意味からそれに含まれる個々の語の意味を獲得するモデルが，実証的なサイズの問題を処理できている．
4.7 言語獲得という複雑な問題空間から一部を切り出す研究戦略として考えた場合，コンピュータ上のモデルは言語の各分野間や他の認知システムとの関連を重視した視点を提供する．

用語解説

本文中で十分説明できなかった用語について解説し，本文の該当箇所に†を付けた．

less is more 仮説　ある言語の学習を早くから始めた人（たとえばネイティブ）は遅くなってから始めた人に比べて言語能力，特に語形変化に関する能力が高い．この仮説では，この現象を年少者の方が入力される発話を処理する能力が低いことによって説明する．言語の学習では，語の形と意味との対応を獲得する必要がある．ここでまず，子供は短期記憶の容量が大人より小さいとする．この仮定から，対応付けを行なわなくてはならない語の形の数や意味の数は子供の方が少ないと考えられる．これは解かなくてはならない問題の空間が小さいということであり，学習に有利にはたらく．さらに，知覚的な手がかりが語形変化の学習に有効であると仮定する．分析能力の高い大人に比べて，子供の方が知覚的な手がかりに依存して発話を理解しようとする傾向が高いと考えられる．すなわち子供の方が正しい戦略をとっていることになり，この点からも学習は容易になっている．

θ役割　生成文法でよく用いる用語．格が統語的な概念であるのに対して，θ役割は意味的概念であり，主題関係または意味役割と同じである．よく使われるθ役割としては，動作主(agent)，経験者(experiencer)，起点(source)，着点(goal)，場所(location)，道具(instrument)，主題(theme)，対象(patient)などがある．θ役割の数や種類はこれらに限られているわけではないが，厳密にいくつのθ役割を認めるべきかは明らかではない．文法理論にとっては，「一つの項は唯一のθ役割を持ち，一つのθ役割はただ一つの項に付与される」という**θ基準の原理**が重要であり，各項のθ役割を一つ一つ指定する必要はない．しかし，文の意味を理解する際には，それぞれの項のもつθ役割の中身が重要となってくる．

ウェルニケ失語症　1874年にドイツの医師，Karl Wernicke が発見した失語症．不自由なく話せるのだが，聞いた言葉を理解することができない患者が，左半球側頭葉の上方後部（本文図 3.1 参照）に損傷をうけていることを報告した．それ以降この脳部位を「ウェルニケ領域」と呼んでいる．

ウェルニケ失語症は流暢性失語とも呼ばれ，ブローカ失語とは対照的に，話し方はきわめて滑らかで，語音は明瞭，抑揚も自然であるが，理解がきわめて悪く適切な語を使うことができない．したがって会話では相手と話がうまくかみあわずに，意味のよく分からない取りとめのないおしゃべりになることが多い．発話では文の形式的な構

造は保たれているが，文法関係にのみ頼る文の理解は困難で，単語の意味を取り違えたりすることもある．

ブローカ失語症　1861年にフランスの医師，Paul Brocaによって発見された．当時彼の勤めていた病院に，「タン」という言葉しか発話できない患者がいた．聴いた言葉や書いた言葉はきちんと理解できるし，感覚，知覚や運動，知能にも異常がない．死亡した後，患者の脳を解剖したところ，左半球前頭葉の後方下部(本文図3.1参照)に損傷があった．Brocaは，この脳部位が話し言葉をつかさどっていると考え，以降この脳部位は「ブローカ領域」と呼ばれるようになった．

ブローカ失語症は非流暢性失語とも呼ばれ，患者は発話をすることがきわめて困難である．意図する音を組み立てることができず，音が歪んだりして発声が困難になることもある．「あのー... あのー... ちょうし... えー... よろしい．あのー... あのー... しごと... た，た，た，だいく．」のように懸命にしゃべるのだが，つかえがちで，ゆっくりした途切れ途切れの話し方になる．ブローカ失語の発話の特徴としてあげられるのが「失文法」である．名詞や動詞といった語彙範疇の単語は保持されているが，冠詞や助詞，動詞の活用語尾などの機能範疇の項目が省略されて，発話は「電文体」のようになる．話し言葉の理解は比較的よく保たれているが，意味の手がかりのない純粋に統語関係にのみ頼る文になると理解できなくなる．

ホップフィールドネットワーク(Hopfield network)　すべてのユニットが入出力ユニットであり，ユニット相互は同じ重みで双方向に結合されているネットワーク．サイン関数を活性化関数(activation function)として用いる．例の集合を学習させた上で新しい刺激を与えると，集合中で最もその刺激に似た例に対応した状態になる．すなわち，連想記憶として用いることができる．このネットワークは，ユニット数をNとすると$0.138N$個までの学習例を記憶することができる．

読書案内

第 1 章

[1] Noam Chomsky (1988): *Language and problems of knowledge: the Managua Lectures.* MIT Press. 田窪行則・郡司隆男（訳）『言語と知識：マナグア講義録（言語学編）』産業図書，1989.
本章で展開した言語論は基本的に Noam Chomsky によるものを基盤とするものである．この本は，Chomsky 自身による著作のうちでも，その言語論を比較的わかりやすく，かつ，具体的に展開しているものとして定評がある．全体として，翻訳も優れている．

[2] Noam Chomsky (1987): *Language in a psychological setting.* Sophia Linguistica XXII. The Graduate School of Languages and Linguistics and the Linguistic Institute for International Communication, Sophia University.
Chomsky の上智大学での連続講演の原稿をもとにした論文を集めたものである．もともとが講演原稿ということもあり，生成文法の言語観が比較的わかりやすく，簡潔に述べられている．

[3] Steven Pinker (1994): *The language instinct: how the mind creates language.* William Morrow.
言語の系統発生などいくつかの点で，Chomsky の考えとは一線を画しているが，生成文法の言語観を手っ取り早く知るのに適した著作である．翻訳もあるが，できれば原著を読まれることをお勧めする．

[4] Ray Jackendoff (1993): *Patterns in the mind: language and human nature.* Harvester Weatsheaf. 水光雅則（訳）『心のパターン――言語の認知科学入門』岩波書店，2004.
Pinker の本とほぼ同時期に出版され，その評判の影に隠れてしまった観があるが，良書である．Pinker の書き物は凝った文体で綴られているので，英語を母語としないものにとっては必ずしも読みやすいものではないが，Jackendoff によるこの本は文体上の遊び心がない分，読みやすい．

[5] Gleitman, L. R. & Liberman, M. (eds.) (1995): *Language* (An Invitation to Cognitive Science, 2nd ed., Vol. 1). MIT Press.
好評を博した認知科学入門シリーズ第 2 版の言語巻である．言語理論，言語心理学，哲学などに関する章がバランスよく配されている．巻末には練習問題と読書案内が付されていて便利である．各章の執筆者はそれぞれの領域を代表する研究者で，北アメ

リカの認知科学の層の厚さに圧倒される．

第2章

[1] 大津由紀雄（編）(1987)：『ことばからみた心——生成文法と認知科学』(認知科学選書13) 東京大学出版会．
生成文法理論についての概説の後に，照応表現の獲得などに関する実証的研究成果が提示されている．

[2] 柴田方良・大津由紀雄・津田葵(1989)：『英語学の関連分野』(英語学大系第6巻) 大修館書店．
本書のうち大津由紀雄「心理言語学」は，1960年代後半から1980年代後半までの生成文法理論に基づく文法獲得研究について，理論的研究成果と実証的研究成果を概観し，それらに関して精緻な検討を行なっている．

[3] Goodluck, H. (1991): *Language Acquisition: A Linguistic Introduction*. Blackwell.
音韻獲得，形態獲得，統語・意味獲得など，言語獲得全般にわたって生成文法理論に基づく獲得研究を概観すると同時に，学習可能性に関わる問題についても考察を行なっている得がたい入門書である．

[4] Fletcher, P. & MacWhinney, B. (eds.) (1995): *The Handbook of Child Language*. Blackwell.
言語獲得の多様な側面を25編の論文で概観しており，現時点での包括的な研究成果の鳥瞰が得られる．

[5] Gleitman, L. R. & Liberman M. (eds.) (1995): *An Invitation to Cognitive Science I, Language*. 2nd ed., MIT Press.
認知科学の観点から生成文法理論に基づく各種の言語研究を紹介しているが，言語獲得に関する研究も数編含まれている．特にPinkerによる "Language Acquisition"（第6章）は言語獲得理論に関する内容豊かでかつ簡潔な概説で有益である．

[6] O'Grady, W. (1997): *Syntactic Development*. University of Chicago Press.
第1部は主に英語の統語発達に関する実証的研究を概観し，第2部で従来提案されているいくつかの言語獲得理論の妥当性について検討を行なっている．

[7] Crain, S. & Lillo-Martin, D. (1999): *An Introduction to Linguistic Theory and Language Acquisition*. Blackwell.
原理とパラメタのアプローチについて解説を行ないながら，それに基づく実証的文法獲得研究を紹介し，言語理論と獲得研究の緊密な関係を明らかにしている．

[8] Guasti, M. T. (2002): *Language Acquisition: The Growth of Grammar*, MIT Press.

音韻獲得，語の獲得，統語・意味獲得について，原理とパラメータのアプローチに基づき，英語の資料を主とするが通言語的資料にも言及しながら 1990 年代末までの研究動向および成果を包括的に提示している．

第 3 章

[1]　David Caplan (1987): *Neurolinguistics and Linguistic Aphasiology: an Introduction.* Cambridge University Press.
神経学の流れにおける失語症研究の歴史と，生成文法の枠組みでの失語症研究の意義と成果をうまく融合して，分かりやすく解説した初めての入門書．神経心理学，脳生理学，言語学，神経言語学などの要点が過不足なく示されており，言語と脳の関係を研究する者にとっては，必読の書である．

[2]　Yosef Grodzinsky (1990): *Theoretical perspectives on language deficits.* MIT Press.
言語障害の研究をする上で，生成文法理論によるアプローチがいかに重要で実り多い成果をもたらすのかを多くの具体例とともに示している．本章の著者の明快な主張を原著で読むことをおすすめする．

[3]　萩原裕子 (1998):『脳にいどむ言語学』，岩波書店．
言語学，とりわけ生成文法理論がいかに脳の科学的研究に寄与できるかを説いたもの．類書ではみられない日本語の具体例が豊富に示されている．一般読者向けに書かれているので分かりやすくコンパクトで，手軽に読める．

第 4 章

[1]　Elman, J. L., Bates, E. A., Johnson, M. H., Karmiloff-Smith, A., Parisi, D. & Plunkett, K. (1996): *Rethinking Innateness.* MIT Press. 乾敏郎・今井むつみ・山下博(訳),『認知発達と生得性——心はどこから来るのか』共立出版, 1998.
具体的な研究を通じて，コンピュータモデルを実現することと神経系や認知の発達に対する考察を得ることがどのように影響し合うことができるかを示している．

[2]　Russel, S. & Norvig, P. (1995): *Artificial Intelligence A modern approach.* Prentice-Hall. 古川康一(監訳),『エージェントアプローチ人工知能』共立出版, 1997.
コンピュータモデルで用いられる機械学習 (machine learning) のさまざまな手法について，第 VI 部「学習」で解説している．

参考文献

第1章

Bickerton, D. (1981): *Roots of language*. Karoma Publishers.

Bickerton, D. (1990): *Language and species*. Chicago University Press.

Brown, R. (1973): *A first language: the early stages*. Harvard University Press.

Chomsky, N. (1957): *Syntactic structures*. Mouton.

Chomsky, N. (1986): *Knowledge of language: its nature, origin, and use*. Praeger.

Chomsky, N. (1981): *Lectures on government and binding*. Foris.

Crain, S. (1991): Language acquisition in the absence of experience. *Behavioral and Brain Sciences*, **14**, 597–650.

Crain, S. & Nakayama, M. (1987): Structure dependence in grammar formation. *Language*, **63**, 522–543.

Crain S. & Thornton, R. (1998): *Investigations in Universal Grammar: a guide to experiments on the acquisition of syntax and semantics*. MIT Press.

Eimas, P. D. (1985): Speech perception in early infancy. L. B. Cohen & P. Salapatek (eds.), *Infant perception: from sensation to cognition*. Academic Press, 1975.

Elman, J. L. (1991): Distributed representations, simple recurrent networks, and grammatical structure. *Machine Learning*, **7**, 195–225.

Elman, J. L. (1993): Learning and development in neural networks: the importance of starting small. *Cognition*, **48**, 71–99.

Elman, J. L., Bates, E. A., Johnson, M. H., Karmiloff-Smith, A., Parisi, D., & Plunkett, K. (1996): *Rethinking innateness: a connectionst perspective on development*. MIT Press.

Fodor, J. A. (1983): *The modularity of mind*. MIT Press.

Gleitman, L. R. (1990): The structural source of verb meanings. *Language Acquisition*, **1**, 3–55.

Greenberg, J. H. (1963): Some universals of grammar with particular reference to the order of meaningful elements. Joseph H. Greenberg (ed.), *Universals of language*, MIT Press, 73–113.

郡司隆男(1995):言語学的方法.『認知科学の基礎』(岩波講座認知科学1),岩波書店,127–170.

波多野誼余夫(1998)：Connectionist infants は統語規則を獲得しうるか．心理学評論，**40**，319-327．

Hyams, N.(1986)：*Language acquisition and the theory of parameters.* D. Reidel.

乾敏郎(1997)：文理解過程のネットワークモデル．心理学評論，**40**，303-316．

Jusczyk, P. W.(1997)：*The discovery of spoken language.* MIT Press.

梶田優(1976)：『変形文法理論の軌跡』大修館書店．

Kajita, M.(1977)：Toward a dynamic model of syntax. *Studies in English Linguistics*, **5**, 44-76.

Kajita, M.(1997)：Some foundational postulates for the dynamic theories of language. Ukaji, M., Nakao, T., Kajita, M. & Chiba, S.(eds.), *Studies in English linguistics: a Festschrift for Akira Ota on the Occasion of His Eightieth Birthday*, 大修館書店, 378-393.

Lillo-Martin, D. C.(1991)：*Universal Grammar and American Sign Language: setting the null argument parameters.* Kluwer.

松沢哲郎(1991)：『チンパンジー・マインド：心と認識の世界』岩波書店．

Morgan, J. L.(1986)：*From simple input to complex grammar.* MIT Press.

Otsu, Y.(1981)：*Universal Grammar and syntactic development in children: toward a theory of syntactic development.* Unpublished Ph.D. dissertation, MIT Press.

大津由紀雄(1989)：心理言語学．『英語学の関連分野』(英語学大系第6巻)大修館書店，181-361．

大津由紀雄(1995)：言語の心理学．『言語』(岩波講座認知科学7)岩波書店，1-39．

大津由紀雄(1998)：文法の脳科学．心理学評論，**40**，265-277．

Pinker, S.(1984)：*Language learnability and language development.* Harvard University Press.

プラトン：『メノン』岩波文庫．

Rumbaugh, D. M., Savage-Rumbaugh, E. S. & Sevcik, R. A.(1994)：Biobehavioral roots of language: a comparative perspective of chimpanzee, child, and culture. Wrangham, R. W., McGrew, R. W. C., DeWaal, B. M. & Heltne, P. G.(eds.), *Chimpanzee cultures.* Harvard University Press, 319-334.

柴谷方良(1989)：言語類型論．『英語学の関連分野』(英語学大系第6巻)，大修館書店，1-179．

Terrace, H. S., Petitto, L. A., Sanders, R. J. & Bever, T. G.(1979)：Can an ape create a sentence? *Science*, **206**, 891-900.

Valli, C. & Lucas, C.(1995)：*Linguistics of American Sign Language: an introduction*

(2nd ed.). Gallaudet University Press.

第 2 章

Allen, S. E. M. & Crago, M. B. (1993) : Early acquisition of passive morphology in Inuktikut. *Proceedings of Child Language Research Forum*, **24**, 112–123.

Allen, S. E. M. & Crago, M. B. (1996) : Early passive acquisition in Inuktikut. *Journal of Child Language*, **23**, 129–155.

Baker, C. L. (1979) : Syntactic thoery and the projection problem. *Linguistic Inquiry*, **10**, 533–581.

Baker, M. C. (1996) : *The Polysynthesis Parameter*. Oxford University Press.

Bernhardt, B. H. & Stemberger, J. P. (eds.) (1998) : *Handbook of Phonological Development: From the Perspective of Constraint-Based Nonlinear Phonology*. Academic Press.

Bertoncini, J. & Mehler, J. (1981) : Syllables as units in infant speech perception. *Infant Behavior and Development*, **4**, 247–260.

Bertoncini, J., Bijeljac-Babic, R., Blumstein, S. E. & Mehler, J. (1987) : Discrimination in neonates of very short CV's. *Journal of the Acoustical Society of America*, **82**, 31–37.

Berwick, R. (1985) : *The Acquisition of Syntactic Knowledge*. MIT Press.

Bloom, L. (1970) : *Language Development: Form and Function in Emerging Grammars*. MIT Press.

Borer, H. & Wexler, K. (1987) : The maturation of syntax. In Roeper, T. & Williams, E. (eds.), *Parameter Setting*, pp. 123–172, D. Reidel.

Bowerman, M. (1982) : Reorganizational processes in lexical and syntactic development. In Wanner, E. & Gleitman, L. (eds.), *Language Acquisition: The State of the Art*, pp. 319–346, Cambridge University Press.

Boysson-Bardies, B. de, Halle, P., Sagart, L. & Durand, C. (1989) : A cross-linguistic investigation of vowel formants in babbling. *Journal of Child Language*, **16**, 1–17.

Boysson-Bardies, B. de & Vihman, M. M. (1991) : Adaptation to language: Evidence from babbling and first words in four languages. *Language*, **67**, 297–319.

Bromberg, H. S. & Wexler, K. (1995) : Null subjects in Wh-questions. *MIT Working Papers*, **26**, 221–248.

Brown, P. (1998) : Children's first verbs in Tzeltal: Evidence for an early verb category. *Linguistics*, **36**, 713–754.

Brown, R. (1973): *A First Language: The Early Stages.* Harvard University Press.

Chien, Y.-C. & Wexler, K. (1990): Children's knowledge of locality conditions in binding as evidence for modularity of syntax and pragmatics. *Language Acquisition*, **1**, 225–295.

Choi, S. (1998): Verbs in early lexical and syntactic development in Korean. *Linguistics*, **36**, 755–780.

Chomsky, C. (1969): *The Acquisition of Syntax in Children from 5 to 10.* MIT Press.

Chomsky, N. (1965): *Aspects of the Theory of Syntax.* MIT Press. 安井稔(訳),『文法理論の諸相』研究社, 1970.

Chomsky, N. (1975): *Reflections on Language.* Pantheon Books. 井上和子・神尾昭雄・西山佑司(共訳),『言語論』大修館書店, 1979.

Chomsky, N. (1981): *Lectures on Government and Binding.* Foris. 安井稔・原口庄輔(共訳),『統率・束縛理論の意義と展開』研究社出版, 1987.

Chomsky, N. (1986): *Knowledge of Language: Its Nature, Origin and Use.* Praeger.

Chomsky, N. (1995): *The Minimalist Program.* MIT Press. 外池滋生・大石正幸(監訳),『ミニマリスト・プログラム』翔泳社, 1998.

Chomsky, N. (1998a): Some observations on economy in generative grammar. In Barbosa, P., Fox, D., Hagstrom, P., McGinnis, M. & Pesetsky, D. (eds.), *Is the Best Good Enough*, pp. 115–127, MIT Press.

Chomsky, N. (1998b): *Minimalist Inquires: The Framework. MIT Occasional Papers in Linguistics*, 15.

Clark, E. (1987): The principle of contrast: A constraint on language acquisition. In MacWhinney, B. (ed.), *Mechanisms of Language Acquisition*, pp. 1–33, Lawrence Erlbaum.

Clark, E. (1993): *The Lexicon in Acquisition.* Cambridge University Press.

Crain, S. & Mckee, C. (1986): Acquisition of structural restriction on the anaphora. *Proceedings of NELS*, **15**, 94–110.

Crain, S. (1991): Language acquisition in the absence of experience. *Behavioral and Brain Sciences*, **14**, 597–650.

Crain, S. & Wexler, K. (eds.) (1992): *The Development of Binding. Language Acquisition*, **2(4)** (Special Issue).

Crain, S., Thornton, R., Boster, C., Conway, L., Lillo-Martin, D. & Woodmans, E. (1996): Quantification without Qualification. *Language Acquisition*, **5**, 83–153.

Crain S. & Thornton, R. (1998): *Investigations in Universal Grammar: A Guide to*

Experiments on the Acquisition of Syntax and Semantics. MIT Press.

Culicover, P. (1998) : The Minimalist impulse. In Culicover, P. & McNally, L. (eds.), *The Limits of Syntax (Syntax and Semantics 29)*, pp. 47–77, Academic Press.

Demuth, K. (1989) : Maturation and the acquisition of the Sesotho passive. *Language*, **65**, 56–80.

Demuth, K. (1995a) : Stages in the development of prosodic words. *Proceedings of Child Language Research Forum*, **27**, 39–48.

Demuth, K. (1995b) : Markedness and the development of prosodic structure. *Proceedings of NELS*, **25**, 13–25.

Demuth, K. (1996) : The prosodic structure of early words, In Morgan, J. & Demuth, K. (eds.), *Signal to Syntax: Bootstrapping from Speech to Grammar in Early Acquisition*, pp. 171–184, Lawrence Erlbaum.

Dickey, M. K. (1995) : Inversion in child English and acquisition in optimal theory. *UMOP18(Papers in Optimal Theory)*, 575–588.

Dresher, E. & Kaye, J. (1990) : A computational learning model for metrical phonology. *Cognition*, **34**, 137–195.

Eimas, P. D., Siqueland, E. R., Jusczyk, P. W. & Vigorito, J. (1971) : Speech perception in infants. *Science*, **171**, 303–306.

Fisher, C., Hall, D. G., Rakowitz, S. & Gleitman, L. R. (1994) : When it is better to receive than to give: Structural and conceptual cues to verb meaning. *Lingua*, **92**, 333–375.

Fodor, J. (1998) : Unambiguous triggers. *Linguistic Inquiry*, **29**, 1–36.

Fox, D. & Grodzinsky, Y. (1998) : Children's passive: A view from the *by*-phrase. *Linguistic Inquiry*, **29**, 311–332.

Frank, R. & Kapur, S. (1996) : On the use of triggers in parameter setting. *Linguistic Inquiry*, **27**, 623–660.

Gentner, D. (1978) : On relational meaning: The acquisition of verb meaning. *Child Development*, **49**, 988–998.

Gentner, D. (1982) : Why nouns are learned before verbs: Linguistic relativity vs. natural partitioning. In Kuczaj, S. A. II (ed.), *Language Development II, Language, Thought, and Culture*, pp. 301–344, Lawrence Erlbaum.

Gerken, L. A. (1996) : Prosodic structure in young children's language production, *Language*, **72**, 683–712.

Gibson, E. & Wexler, K. (1994) : Triggers. *Linguistic Inquiry*, **25**, 407–454.

Gopnik, A. & Choi, S. (1995): Names, relational words, and cognitive development in English and Korean-speakers: Nouns are not always learned before verbs. In Tomasello, M. & Merriman, W. (eds.), *Beyond Names for Things: Young Children's Acquisition of Verbs*, pp. 63–80, Lawrence Erlbaum.

Grimshaw, J. (1990): *Argument Structure*. MIT Press.

Gropen, J., Pinker, S., Hollander, M. & Goldberg, R. (1991): Syntax and semantics in the acquisition of locative verbs. *Journal of Child Language*, **18**, 115–151.

Hermon, G. (1994): Long-distance reflexives in UG: Theoretical approaches and predictions for acquisition. In Lust, B., Hermon, G. & Kornfilt, J. (eds.), *Binding, Dependencies and Learnability*, pp. 91–111, Lawrence Erlbaum.

Hirsh-Pasek, K., Kemler Nelson, D. G., Jusczyk, P. W., Wright Cassidy, K., Druss, B. & Kennedy, L. (1987): Clauses are perceptual units for young infants. *Cognition*, **26**, 269–286.

Hirsh-Pasek, K. & Golinkoff, R. M. (1996): *The Origins of Grammar: Evidence from Early Language Comprehension*. MIT Press.

Hyams, N. (1986): *Language Acquisition and the Theory of Parameters*. D. Reidel.

Hyams, N. (1996): Underspecitication of functional categories. In Clahsen, H. (ed.), *Generative Perspectives on Language Acquisition*, pp. 91–127, John Benjamins.

Ingram, D. (1986): Phonological development: Production. In Fletcher, P. & Garman, M. (eds.), *Language Acquisition: Studies in First Language Development* (2nd ed.), pp. 223–250, Cambridge University Press.

今西典子(1997):ミニマリスト・プログラムと言語習得過程.英語青年,144巻6号,306–308.

Jackendoff, R. (1990): *Semantic Structure*. MIT Press.

Jackendoff, R. (1997): *The Architecture of the Language Faculty*. MIT Press.

Jakobson, R. (1968): *Child Language, Aphasia and Phonological Universals*. (English translation) Mouton.

Jusczyk, P. W. (1993): From general to language specific capacities: The WRAPSA model of how speech perception develops. *Journal of Phonetics*, **21**, 3–28.

Jusczyk, P. W., Cutler, A. & Redanz, N. (1993): Preference for the predominant stress patterns of English words. *Child Development*, **64**, 675–687.

Jusczyk, P. W. (1997): *The Discovery of Spoken Language*. MIT Press.

梶田優(1977–1981):生成文法の思考法(1)–(48).英語青年,123巻5号–127巻4号.

梶田優(1982–1984):英語教育と今後の生成文法.学校新聞,837, 841, 846, 850, 853, 857.

宇賀治正明(編), 1984,『言語普遍性と英語の統語・意味構造に関する研究』(昭和57・58年度科学研究費補助金研究成果報告書)東京学芸大学, に再録.

Kajita, M. (1977) : Towards a dynamic model of syntax. *Studies in English Linguistics*, **5**, 44–76.

Kajita, M. (1997) : Some foundational postulates for the dynamic theories of language. In Ukaji, M., Nakao, T., Kajita, M. & Chiba, S. (eds.), *Studies in English Linguistics: A Festschrift for Akira Ota on the Occasion of His Eightieth Birthday*, pp. 378–393, 大修館書店.

Kampen, J. van. (1996) : PF/LF convergence in acquisition. *Proceedings of NELS*, **26**, 146–163.

Kelly, K. L. (1967) : *Early Syntactic Acquisition*. The RAND Corporation.

Kohoe, M. & Stoel-Gammon, C. (1997) : The acquisition of prosodic structure: An investigation of current accounts of children's prosodic structure. *Language*, **73**, 113–144.

Lebeaux, D. (1988) : *Language Acquisition and the Form of the Grammar*. Doctoral dissertation. University of Massachusetts.

Lebeaux, D. (1990) : The grammatical nature of the acquisition sequence: adjoin-α and the formation of relative clauses. In Frazier, L. & Villiers, J. de (eds.), *Language Processing and Language Acquisition*, pp. 13–82, Kluwer.

Lightfoot, D. (1989) : The child's trigger experience: Degree-0 learnability. *Behavioral and Brain Science*, **12**, 321–324.

Lightfoot, D. (1999) : *The Development of Language: Acquisition, Change, and Evolution*. Blackwell.

Locke, J. L. (1983) : Phonological Acquisition and Change. Academic Press.

Macken, M. A. (1995) : Phonological acquisition. In Goldsmith, J. A. (ed.), *The Handbook of Phonological Theory*, pp. 671–696, Blackwell.

Macneilage, P. E. (1997) : Acquisition of speech. In Hardcastle W. J. & Laver, J. (eds.), *The Handbook of Phonetic Science*, pp. 301–332, Blackwell.

MacWhinney, B. (1995): *The CHILDES Project: Tools for Analyzing Talk*, 2nd ed. Lawrence Erlbaum.

Maxfield, T. & Plunkett, B. (eds.) (1991) : The Acquisition of *Wh*, University of Massachusetts Occasional Papers in Linguistics (Special Issue).

McCarthy, J. & Prince, A. (1994) : The Emergence of the unmarked: Optimality of prosodic morphology. *Proceedings of NELS*, **24**, 333–379.

McDaniel, D., Mckee, C. & Cairus, H. S. (eds.) (1996): *Methods for Assessing Children's Syntax.* MIT Press.

Manzini, M. R. & Wexler, K. (1987): Parameters, binding theory and learnability, *Linguistic Inquiry*, **18**, 413-444.

Markman, E. (1989): *Categorization and Naming in Children: Problems of Induction.* MIT Press.

McNeil, D. (1966): Developmental psycholinguistics. In Smith, F. & Miller, G. (eds.), *The Genesis of Language*, pp. 15-84, MIT Press.

Mehler, J., Jusczyk, P. W., Lambertz, G., Halsted, N., Bertoncini, J. & Amiel-Tison, C. (1988): A precursor of language acquisition in young infants. *Cognition*, **29**, 144-178.

Mehler, J. & Dupoux E. (1994): *What Infants Know: The New Cognitive Science of Early Development* (translated by Southgate, P.). Blackwell.

Meisel, J. M. (1995): Parameters in acquisition. In Fletcher, P. & MacWhinney, B. (eds.), *The Handbook of Child Language*, pp. 10-35, Blackwell.

Menn, L. & Stoel-Gammon C. (1995): Phonological development. In Fletcher, P. & MacWhinney, B. (eds.), *The Handbook of Child Language*, pp. 335-359, Blackwell.

Naigles, L. R. (1990): Children use syntax to learn verb meanings. *Journal of Child Language*, **17**, 357-374.

大津由紀雄(1989):心理言語学.『英語学の関連分野』(英語学大系第6巻) pp. 181-361,大修館書店.

大津由紀雄(1995):言語の心理学.『言語』(岩波講座認知科学7) pp. 1-39,岩波書店.

Phillips, C. (1995): Syntax at age two: Cross-linguistic differences. *MIT Working Papers*, **26**, 325-382.

Philip, W. (1995): *Event Quantification in the Acquisition of Universal Quantification.* Doctoral dissertation, University of Massachusetts.

Pinker, S. (1979): Formal models of language learning. *Cognition*, **1**, 217-283.

Pinker, S. (1984): *Language Learnability and Language Development.* Harvard University Press.

Pinker, S. (1987): The bootstrapping problem in language acquisition. In MacWhinney, B. (ed.), *Mechanisms of Language Acquisition*, pp. 399-441, Lawrence Erlbaum.

Pinker, S., Lebeaux, D. & Frost, L. (1987): Productivity and constraints in the acquisition of the passive. *Cognition*, **26**, 195-267.

Pinker, S. (1989): *Learnability and Cognition: The Acquisition of Argument Structure.*

MIT Press.

Pinker, S. (1993): The acquisition of argument structure. In Nakajima, H. & Otsu, Y. (eds.), *Argument Structure: Its Syntax and Semantics*, pp. 127–151, Kaitakusha.

Pinker, S. (1994): How could a child use verb syntax to learn verb semantics? *Lingua*, **92**, 377–410.

Prince, A. & Smolensky, P. (1993): Optimality Theory: Constraint Interaction in Generative Grammar. Technical Report #2 Rutgers Center for Cognitive Science, Rutgers University.

Radford, A. (1990): *Syntactic Theory and the Acquisition of English Syntax*. Blackwell.

Roeper, T. & Villiers, J. de (1992): Ordered decisions in the acquisition of Wh-questions. In Weissenborn, J., Goodluck, H. & Roeper, T. (eds.), *Theoretical Issues in Language Acquisition: Continuity and Change in Development*, pp. 191–236.

Smith, N. V. (1973): *The Acquisition of Phonology: A Case Study*. Cambridge University Press.

Snyder, W. (1995): *Language Acquisition and Language Variation: The Role of Morphology*. Doctoral dissertation, MIT Press.

Snyder, W. (1996): The acquisitional role of the syntax-morphology interface: Morphological compounds and syntactic complex predicates. *Proceedings of BUCLD*, **20**, 728–735.

Stromwold, K. (1990): *Learnability and the Acquisition of Auxiliaries*. Doctoral dissertation. MIT Press.

高橋真理(1995):文法の獲得.大津由紀雄(編)『言語』(認知心理学3),pp. 81–101,東京大学出版会.

谷光生(1997):ミニマリスト・プログラムと語彙範疇.英語青年,144巻5号,267–270.

Talmy, L. (1985): Lexicalization patterns: Semantic structure in lexical forms. In Shopen, T. (ed.), *Language Typology and Syntactic Description*, 3, pp. 57–149, Cambridge University Press.

Thornton, R. (1990): *Adventures in Long-Distance Moving: The Acquisition of Complex WH-Questions*. Doctoral dissertation, The University of Connecticut.

Vihman M. M. (1996): *Phonological Development: The Origin of Language in the Child*. Blackwell.

Vihman, M. M., Macken, M. A., Miller, R., Simmons, H. & Miller, J. (1985): From babbling to speech: A re-assessment of the continuity issue. *Language*, **61**, 397–445.

Villers, J. de (ed.) (1995): *The Acquisition of Wh-Questions. Language Acquisition*, **4**(**1**) (Special Issue).

Werker, J. F. (1995): Exploring developmental changes in cross-language speech. In Gleitman, L. R. & Liberman M. (eds.), *An Invitation to Cognitive Science I, Language*. 2nd ed., pp. 87–106, MIT Press.

Wexler, K. & Manzini, M. R. (1987): Parameters and learnability in binding theory. In Roeper, T. & Williams, E. (eds.), *Parameter Setting*, pp. 41–76, D. Reidel.

Wexler, K. (1994): Optional infinitives, head movement and the economy of derivations. In Lightfoot, D. & Hornstein, N. (eds.), *Verb Movement*, pp. 305–350, Cambridge University Press.

Williams, E. (1987): Introduction. In Roeper, T. & Williams, E. (eds.), *Parameter Setting*, pp. vii-xix, D. Reidel.

Williams. (1994): Remarks on lexical knowledge. *Lingua*, **92**, 7–34.

Wu, A. (1993): A computational approach to 'intake' ordering in syntactic acquisition, *Proceedings of WCCFL*, **11**, 525–538.

第3章

Alexander, M., Naeser, M. A. & Palumbo, C. (1990): Broca's area aphasias: Aphasia after lesions including the frontal operculum. *Neurology*, **40**, 353–362.

Ansell, B. & Flowers, C. (1982): Aphasic adults' use of heuristic and structural linguistic cues for analysis. *Brain and Language*, **16**, 61–72.

Balogh, J. & Grodzinsky, Y. (1996): Varieties of passives in aphasia. Paper presented at the Academy of Aphasia, London, November.

Belletti, A. & Rizzi, L. (1988): Psych-verbs and theta-theory. *Natural Language and Linguistic Theory*, **6**, 291–352.

Beretta, A., Harford, C., Patterson, J. & Pinango, M. (1996): The derivation of postverbal subjects: Evidence from agrammatic aphasia. *Natural Language and Linguistic Theory*, **14**, 725–748.

Bever, T. G. (1970): The cognitive basis of linguistic structures. In Hayes, J. R. (ed.), *Cognition and the development of language*. John Wiley.

Bookheimer, S., Zefiro, T., Gallard, W. & Theodore, W. (1993): Regional cerebral blood flow changes during the comprehension of syntactically varying sentences. *Neuroscience Society Abstracts*, **347**(5), p. 843.

Bresnan, J. (1982): The passive in lexical theory. In Bresnan, J. (ed.), *The Mental*

Representation of Grammatical Relations. MIT Press.

Burton, S. & Grimshaw, J. (1992) : Coordination and VP-internal subjects. *Linguistic Inquiry,* **23**(2), 305–313.

Caplan, D. & Futter, C. (1986) : Assignment of thematic roles by an agrammatic aphasic patient. *Brain and Language,* **27**, 117–135.

Caplan, D. (1987) : *Linguistic Aphasiology and Neurolinguistics.* Cambridge University Press.

Caramazza, A. & Zurif, E. B. (1976) : Dissociation of algorithmic and heuristic processes in sentence comprehension: Evidence from aphasia. *Brain and Language,* **3**, 572–582.

Chomsky, N. (1981) : *Lectures on Government and Binding.* Foris.

Chomsky, N. (1995) : *The minimalist program.* MIT Press.

Cinque, G. (1990) : *Types of A'-dependencies.* MIT Press.

Crain, S. & Shankweiler, D. (1985) : Comprehension of relative clauses and reflexive pronouns by agrammatic aphasics. Paper presented at the Academy of Aphasia.

Damasio, A. R. & Damasio, H. (1989) : *Lesion analysis in neuropsychology.* Oxford University Press.

Damasio, A. R. (1992) : Aphasia. *New England Journal of Medicine,* **323**(8), 531–539.

Damasio, A. R. & Damasio, H. (1992) : Language and the brain. *Scientific American,* September, 88–110.

Friederici, A. (1982) : Syntactic and semantic processes in aphasic deficits: The availability of prepositions. *Brain and Language,* **15**, 249–258.

Friederici, A. (1985) : Levels of processing and vocabulary types: Evidence from on-line processing in normals and agrammatics. *Cognition,* **19**, 133–166.

Friederici, A. D. (1995) : The time course of syntactic activation during language processing: A model based on neuropsychological and neurophysiological data. *Brain and Language,* **51**, 259–281.

Fromkin, V. A. (ed.) (1995) : *Brain and Language,* **51**(1–3), special issues.

Gardner, H. & Zurif, E. B. (1975) : Critical reading at the sentence level in aphasia. *Cortex,* **11**, 60–72.

Gazdar, G., Klein, E., Pullum, G. & Sag, I. (1985) : *Generalized phrase structure grammar.* Harvard University Press.

Goodenough, C., Zurif, E. B. & Weintraub, S. (1977) : Aphasics' attention to grammatical morphemes. *Language and Speech,* **20**, 11–19.

Goodglass, H. (1968) : Studies in the grammar of aphasics. In Rosenberg, S. & Koplin, J. (eds.), *Developments in applied psycholinguistics research*, Macmillan.

Goodglass, H. & Kaplan, E. (1983) : *The assessment of aphasia and related disorders.* Lea & Febiger.

Grodzinsky, Y. (1984) : The syntactic characterization of agrammatism. *Cognition*, **16**, 99–120.

Grodzinsky, Y. (1986) : Language deficits and the theory of syntax. *Brain and Language*, **26**, 35–59.

Grodzinsky, Y. (1989) : Agrammatic comprehension of relative clauses. *Brain and Language*, **31**, 480–499.

Grodzinsky, Y. (1990) : *Theoretical perspectives on language deficits.* MIT Press.

Grodzinsky, Y. (1991) : There is an entity called agrammatic aphasia. *Brain and Language*, **41**, 538–554.

Grodzinsky, Y., Pierce, A. & Marakovitz, S. (1991) : Neuropsychological reasons for a transformational derivation of syntactic passive. *Natural Language & Linguistic Theory*, **9**, 431–453.

Grodzinsky, Y. (ed.) (1993) : *Brain and Language*, **45**(3), special issue.

Grodzinsky, Y. & Reinhart, T. (1993) : The innateness of binding and coreference. *Linguistic Inquiry*, **24**, 69–101.

Grodzinsky, Y., Wexler, K., Chien, Y. C., Marakovitz, S. & Solomon, J. (1993) : The breakdown of binding relations. *Brain and Language*, **45**, 396–422.

Grodzinsky, Y. (1995) : A restrictive theory of agrammatic comprehension. *Brain and Language*, **50**, 27–51.

Grodzinsky, Y. (1996) : Trace-deletion, Θ-roles, and cognitive strategies. *Brain and Language*, **51**(3), 469–497.

Grodzinsky, Y. (1998) : Comparative aphasiology: Some preliminary notes. In Bastiaanse, R. & Visch-Brink, E. (eds.), *Levels of representation in aphasia*, Singular Press.

Grodzinsky, Y. & Finkel, L. (1996) : The neurology of empty categories. unpublished manuscript. Tel Aviv and Boston.

Grossman, M. & Haberman, S. (1982) : Aphasics' selective deficits in appreciating grammatical agreements. *Brain and Language*, **16**, 109–120.

Haegemann, L. (1991) : *An Introcution to GB Syntax.* Blackwell.

Hagiwara, H. (1993) : Nonagentive predicates and agrammatic comprehension. *Metro-

politan Linguistics, **13**, 127–142, Linguistic Circle of Tokyo Metropolitan University.

Hagiwara, H. (1993b): The breakdown of Japanese passives and θ-role assignment principle by Broca's aphasics. *Brain and Language*, **45**(3), 318–339.

Hagiwara, H. (1995): The breakdown of functional categories and the economy of derivation. *Brain and Language*, **50**, 92–116.

Hickok, G. & Avrutin, S. (1995): Representation, referentiality, and processing in agrammatic comprehension: Two case studies. *Brain and Language*, **50**, 10–26.

Hickok, G. & Avrutin, S. (1996): Comprehension of Wh-questions in two agrammatic Broca's aphasics. ***Brain and Language,*** **52**, 314–327.

Hickok, G., Zurif, E. B. & Canseco-Gonzales, E. (1993): Structural description of agrammatic comprehension. *Brain and Language*, **45**(3), 371–395.

Kayne, R. (1994): *Antisymmetry in Syntax*. MIT Press.

Kitagawa, Y. (1986): Subjects in English and Japanese. Doctoral dissertation, University of Massachusetts at Amherst.

Klunder, R. & Kutas, M. (1993): Bridging the gap: Evidence from ERPs on the processing of unbounded dependencies. *Journal of Cognitive Neuroscience*, **5**, 196–214.

Koopman, H. & Sportiche, D. (1991): The position of subjects. ***Lingua,*** **85**, 211–258.

Kubo (1992): Japanese passives. Gengo-Bunka-bu Kiyoo, 23, 231–302 University of Hokkaido.

Kuroda, S.-Y. (1988): Whether we agree or not: A comparative syntax of English and Japanese. ***Linguistic Investigations,*** **12**, 1–47.

Lapointe, S. G. (1985): A theory of verb form use in agrammatism. *Brain and Language*, **24**, 100–155.

Lasnik, H. & Uriagereka, J. (1988): *Lectures on GB Syntax*. MIP Press.

Linebarger, M., Schwartz, M. & Saffran, E. (1983): Sensitivity to grammatical structure in so-called agrammatic aphasics. *Cognition*, **13**, 361–393.

Lonzi, L. & Luzzatti, C. (1993): Relevance of adverb distribution for the analysis of sentence representation in agrammatic patients. *Brain and Language*, **45**, 306–317.

Lukatela, K., Crain, S. & Shankweiler, D. (1988): Sensitivity to closed-class items in Serbo-Croat agrammatics. *Brain and Language*, **13**, 1–15.

Martin, R. C., Wetzel, W. F., Blossom-Stach, C. & Feher, E. (1989): Syntactic loss versus processing deficit: An assessment of two theories of agrammatism and syntactic comprehension deficits. *Cognition*, **32**, 157–191.

Mauner, G., Fromkin, V. & Cornell, T. (1993) : Comprehension and acceptability judgments in agrammatism: Disruption in the syntax of referential dependency. *Brain and Language*, **45**(3), 340–370.

Münte, T. F., Heinze, H.-J. & Mangun, G. R. (1993) : Dissociation of brain activity related to syntactic and semantic aspects of language. *Journal of Cognitive Neuroscience*, **5**, 335–344.

Neville H. J., Nicol, J. L., Barss, A., Forster, K. I. & Garrett, M. F. (1991) : Syntactically based sentence processing classes: Evidence from event related potentials. *Journal of Cognitive Neuroscience*, **3**, 151–165.

Pesetsky, D. (1987) : Wh-in situ and unselective binding. In Reuland, E. & ter Meulen, A. (eds.), *The representation of (in)definiteness*. MIT Press.

Pesetsky, D. (1994) : *Zero Syntax*. MIT Press.

Phillips, C. et al. (1995) : Brain mechanisms of speech perception: a preliminary report. *MIT Working Papers in Linguistics*, **26**, 37–93.

Poeppel, D. (1996) : A Critical Review of PET Studies of Phonological Processing. *Brain and Language*, **55**, 317–351.

Pollock, J.-Y. (1989) : Verb movement, universal grammar and the structure of IP. *Linguistic Inquiry*, **20**, 365–424.

Rizzi, L. (1990) : *Relativized Minimality*. MIT Press.

Saddy, D. (1995) : Variables and events in the syntax of agrammatic speech. *Brain and Language*, **50**, 135–150.

Saito, M. & Hoji, H. (1983) : Weak crossover and move-α in Japanese. *Natural Language and Linguistic Theory*, **1**(2), 261–280.

Schwartz, M., Saffran, E. & Marin, O. (1980) : The word-order problem in agrammatism: I. Comprehension. *Brain and Language*, **10**, 249–262.

Schwartz, M. F., Linebarger, M. C., Saffran, E. M. & Pate, D. C. (1987) : Syntactic transparency and Sentence Interpretation in Aphasia. *Language and Cognitive Processes*, **2**, 85–113.

Shankweiler, D., Crain, S., Gorrell, P. & Tuller, B. (1989) : Reception of language in Broca's aphasia. *Language and Cognitive Processes*, **4**, 1–33.

Shapiro, L. P. & Levine, B. A. (1990) : Verb processing during sentence comprehension in aphasia. *Brain and Language*, **38**, 21–47.

Shapiro, L. P., Gordon, B., Hack, N. & Killackey, J. (1993) : Verb argument structure processing in complex sentences in Broca's and Wernicke's aphasia. *Brain and*

Language, **45**, 423–447.

Snyder, W. (1992): Chain formation and crossover. unpublished manuscript, MIT.

Stromswold, K., Caplan, D., Alpert, N. & Rauch, S. (1996): Localization of syntactic comprehension by PET. *Brain and Language*, **52**, 452–473.

Swinney, D., Zurif, E. B. & Nicol, J. (1989): The effects of focal brain damage on sentence processing. An examination of the neurological organization of a mental module. *Journal of Cognitive Neuroscience*, **1**, 25–37.

Swinney, D. & Zurif, E. B. (1995): Syntactic processing in aphasia. *Brain and Language*, **50**, 225–239.

Travis, L. (1984): Parameters and effects of word order variation. Ph.D. dissertation, MIT.

Zurif, E. B. & Caramazza, A. (1976): Linguistic structures in aphasia: Studies in syntax and semantics. In Whitaker, H. & Whitaker, H. A. (eds.), *Studies in Neurolinguistics*, Vol. 2, Academic Press.

Zurif, E. B., Swinney, D., Prather, P., Solomon, J. & Bushell, C. (1993): An on line analysis of syntactic processing in Broca's and Wernicke's aphasia. *Brain and Language*, **45**, 448–464.

Zurif, E. B. (1995): Brain regions of relevance to syntactic processing. In Gleitman, L. & Liberman, M. (eds.), *An invitation to Cognitive Science*, Vol. I, 2nd ed., MIT Press.

第4章

Berwick, R. (1985): *The Acquisition of Syntactic Knowledge*. MIT Press.

Colunga, E. & Gasser, M. (1998): Linguistic Relativity and Word Acquisition: A Computational Approach. *Annual Conference of the Cognitive Science Society*, **20**, 244–249.

Elman, J. L. (1993): Learning and development in neural networks: the importance of starting small. *Cognition*, **48**, 71–99.

Harris, C. (1989): A Connectionist Approach to the Story of 'Over'. *Berkeley Linguistic Society*, **15**, 126–138.

Harris, L. R. (1977): A System for Primitive Natural Language Acquisition. *Int. J. of Man-Machine Studies*, **9**, 153–206.

Hill, J. C. (1983): A Model of Language Acquisition in the Two-year-old. *Cognition and Brain Theory*, **6(3)**, 287–317.

Hochreiter, S. & Schmidhuber, J. (1997) : Long Short-Term Memory. *Neural Computation*, **9(8)**, 1735–1780.

Langley, P. (1982) : Language Acquisition Through Error Recovery. *Cognition and Brain Theory*, **5**, 221–255.

Lin, T., Horne, B. G., Tino, P. & Giles, C. L. (1996) : Learning Long-term dependencies in NARX recurrent neural networks. *IEEE Transactions on Neural Networks*, **7(6)**, 1329.

Markman, E. M. (1992) : Constraints on word learning: Speculations about their nature, origins, and domain specificity. In M. R. Gunnar & M. P. Maratsos (Eds.), *Minnesota Symposium on Child Psychology*, **25**. Lawrence Erlbaum Associates.

Munro, P., Cosic, C. & Tabasko, M. (1991) : A Network for Encoding, Decoding and Translating Locative Prepositions. *Connection Science*, **3**, 225–240.

Newport, E. L. (1990) : Maturational constraints on language learning. *Cognitive Science*, **14**, 11–28.

Pinker, S. (1979) : Formal models of language learning. *Cognition*, **1**, 217–283.

Quilian, M. R. (1969) : The Teachable Language Comprehender. *Commun. ACM*, **12**, 459–476.

Reber, A. S. (1993) : *Implicit Learning and Tacit Knowledge, and Essay on the Cognitive Unconscious*. Oxford University Press.

Regier, T. (1997) : *The Human Semantic Potential*. MIT Press.

Rumelhart, D. E. & McClelland, J. L. (1986) : On Learning the Past Tenses of English Verbs. In D. E. Rumelhart, J. L. McClelland & The PDP Research group (eds.), *Parallel Distributed Processing*, MIT Press.

Selfridge, M. (1986) : A Computer Model of Child Language Learning. *Artificial Intelligence*, **29**, 171–216.

Siskind, J. M. (1996) : A computational study of cross-situational techniques for learning word-to-meaning mappings. *Cognition*, **61**, 39–91.

索　引

A 理論　59
AMBER　143
Berwick のモデル　146
BPTT　148
CHILD　144
CHILDES　62, 64
Elman のモデル　30, 147
ERP　108
Greenberg の普遍性　7
Harris のモデル　155
HAS　73
Hill の言語獲得モデル　145
HPP　78
I-言語　4
less is more 仮説　148, 167
Marcus のパーザ　146
Munro のモデル　154
NARX　149
PET　105
Playpen　158
P & P　15
Regier のモデル　155
Siskind のモデル　161
T 理論　59
θ 基準の原理　167
θ 役割　167
VOT　72

ア　行

安定状態　7, 41
位相角　158
一般適合原理　53

違反可能性　57
意味にもとづくブートストラップ（意味による立ち上げ）　35, 85
意味の部分集合の原理　68
韻律的立ち上げ　79
韻律的分節化の方略　78
ウェルニケ失語症　106, 167
ウェルニケ領域　167
埋め込み文　9
運用体系　41
運用のモデル　140

カ　行

外的等質性　28
学習可能性　49
過去形獲得モデル　142
仮説の経済性　142
下接の条件　21
形のバイアス　88
カテゴリー知覚　72
含意法則　7
簡潔性の尺度　44
間接否定証拠　16
記述的妥当性と説明的妥当性の緊張関係　44
機能的画像法　105
機能的磁気共鳴画像法　105
帰納的推論の問題　86
機能範疇発現段階　55
規範的喃語　71
狭域語彙規則　98
狭域合成類　99

極小主義　　xi
クーイング　　71
句構造　　24
句構造標識　　24
クレオール　　22
経済性　　xi
形容詞受動文　　124
言語運用　　5
言語獲得　　139
言語獲得過程　　43
言語獲得装置　　14, 43
言語獲得に関する論理的問題　　13
言語獲得(の)原理　　14, 43
言語使用　　5
言語特定性障害　　29
言語類型論　　8
原理とパラメータのアプローチ　　15
語彙意味規則　　98
語彙概念構造　　84
語彙主題構造段階　　55
広域語彙規則　　98
項構造の交替　　97
項連鎖　　51
個別言語　　8
個別文法　　41
痕跡　　116
痕跡削除の仮説　　116, 127, 133

サ 行

再形式化理論　　129
最終状態　　41
最小語　　92
最小努力の方略　　69
最適性理論　　56
三部門並列モデル　　58
刺激の貧困　　xii, 13, 43
指示的ストラテジー　　129

事象関連電位　　108
失語症　　106
実時間レカレント学習　　148
失文法　　106
事物全体制約　　87
種固有性　　6, 23
主題階層性　　120
主題核　　98
出力　　9, 43
瞬時的モデル　　17, 44
照応詞　　12
所格交替　　97
初期状態　　7, 41
生産性の原則　　85
成熟仮説　　51
生成文法　　8
生得性　　6, 14
制約の順序付け　　57
節約の原理　　69
前範疇化段階　　55
相互排除の仮定　　157
相互排他性制約　　87

タ 行

単純再帰結合網　　147
単純性の原則　　85
チャンスレベル　　114
長距離(長期)依存関係　　32, 148
デフォルト・ストラテジー　　117
デフォルト値　　15, 117
同形の原理　　15, 48
統語の立ち上げ　　88
統語的な表示　　121
統語範疇　　25
動詞句内主語仮説　　119
動詞受動文　　124
動的文法理論　　60

透明性の原則　85
独立の原理　47
度数0の文　9
度数nの文　9

ナ　行

内的等質性　28
喃語　71
二分枝分かれフット　92
入力　8, 43
ニューラルネットワーク　30, 142
認知体系　41
認知的ストラテジー　128
脳磁計　105
能力のモデル　140

ハ　行

初語　71
パラメータ値　15
反復　71
ピジン　22
表示のモジュール性仮説　58
非流暢性失語　168
ブートストラップ機構　34
部分集合の原理　47
部分集合の条件　47
普遍性　7, 57
普遍文法　14, 41
普遍文法の連続性仮説　54
プラトンの問題　13, 43
ブローカ失語症　106, 168

ブローカ領域　168
分布に基づく統語範疇の決定　85
文法　4
文法評価の尺度　44
分類制約　87
並列性　57
崩壊適合性　124
包括性　57
ホップフィールドネットワーク　168

マ　行

無標値　15
メモリセル　150
モジュール　7
モジュール性　7
モダリティ　110
モデル　138
モデル化　139
モデル評価の基準　142

ヤ　行

有標性の原理　47
有標値　15
陽電子放射断層撮影法　105
弱い交差現象　18

ラ　行

リーバー文法　151
流暢性失語　167
領域固有性　7, 28
連結規則　96

■岩波オンデマンドブックス■

言語の科学 10
言語の獲得と喪失

2005 年 1 月 7 日　第 1 刷発行
2019 年 8 月 9 日　オンデマンド版発行

著　者　橋田浩一　大津由紀雄　今西典子
　　　　Yosef Grodzinsky　錦見美貴子

発行者　岡本　厚

発行所　株式会社 岩波書店
　　　　〒101-8002　東京都千代田区一ツ橋 2-5-5
　　　　電話案内　03-5210-4000
　　　　https://www.iwanami.co.jp/

印刷／製本・法令印刷

© Koiti Hasida, Yukio Otsu, Noriko Imanishi,
Yosef Grodzinsky, 藤原千明, Mikiko Nishikimi 2019
ISBN 978-4-00-730918-2　　Printed in Japan

ISBN978-4-00-730918-2

C3380 ¥5200E

定価（本体 5200 円 + 税）